SACIMATA MUSIL

LIEBE DEIN LEBEN II

AF285788

Sacimata Musil

LIEBE DEIN LEBEN II

Finde Frieden und Freude
in dir selbst

Ein spirituelles Lesebuch

Bibliografische Information der Deutschen
Nationalbibliothek:
Die Deutsche Nationalbibliothek verzeichnet diese
Publikation in der Deutschen Nationalbibliografie;
detaillierte bibliografische Daten sind im Internet über
< http://dnb.d-nb.de > abrufbar.

Umschlagdesign, Herstellung und Verlag:
Books on Demand GmbH, Norderstedt
ISBN: 978-3-8334-8811-5

Inhalt

„Ach, daß wir doch dem reinen stillen Wink
des Herzens nachzugeh'n so sehr verlernen!
Ganz leise spricht ein Gott in uns'rer Brust;
ganz leise, ganz vernehmlich, zeigt uns an,
was zu ergreifen ist und was zu flieh'n."

Johann Wolfgang von Goethe
(1749 - 1832)

„Vater Gott ist nicht weit von euch entfernt,
er ist ganz und gar in euch.
Um es klar auszudrücken: Gott ist nirgendwo sonst! Ihr
alle seid Gott – in Miniatur.
So ist es notwendig, daß wir uns selbst erkennen.
Wir müssen uns auch aus den Fängen des Gemüts und
der Täuschungen dieser Welt befreien
und unseren großen Vater und seine Macht
wiedererkennen – oder man kann auch sagen,
unsere eigene Macht entdecken.
Kommt von außen nach innen!"

Sant Baljit Singh
(geb. 1962)

Zum Geleit

„*DEIN WORT*
ist meines Fußes Leuchte und ein Licht
auf meinem Weg!"

(Psalm 119)

Grüß Gott – Namasté   Shalom!

Jeder von uns, jedes menschliche Geschöpf hat seinen eigenen einzigartigen Weg auf Erden zu gehen. Jede Geburt setzt erneut den Kreislauf von „Ursache und Wirkung", unser Karma in Gang. Das bedeutet für unsere unsterbliche Seele „Leiden".

Bisweilen erleben wir wohl so etwas wie Glücksmomente. Doch wirklich glücklich sind wir im „Hier und Jetzt" nicht. Leid, Schmerz und Sterben durchziehen unser Leben.

Wo finden wir Frieden und Freude, die immerwährend sind? Sie selbst wissen es, in der Tiefe Ihres Herzens. Wenn wir Erlösung erlangen wollen, führt, ja treibt uns die Sehnsucht voran.

Hilfe war und ist immer da. Dichter, Denker, Künstler, Musiker und heiligmäßig lebende Menschen berichten davon, vor und nach Christus.

Auch in diesem schmalen Buch voll spiritueller Erfahrung ist zu lesen, wie man lernt, die leisen Töne in sich zu erfahren und auf das zu hören, was unsere innere Stimme uns mitteilen möchte.

Innere Bewusstheit und Liebe kann erlangt werden und wachsen – dann wird auch diese materielle Welt lichter. Erfahren wir unser höheres Selbst, kommen wir ins wahre Licht und lernen, wirklich zu leben.

Freude und Mut zu einem solchen Wachstum im „Hier und Jetzt!" wünscht

Liselott Sacimata Musil

Lindau-Insel
zur Sommer-Sonnwend 2007

1. Kapitel

*„Mit unseren Gedanken
formen wir die Welt."*

Gautama Buddha
(560 - 480 v. Chr.)

Der gestirnte Himmel
und das moralische Gesetz

Zwei Dinge erfüllen das Gemüt mit immer neuer
und zunehmender Bewunderung und Ehrfurcht,
je öfter und anhaltender sich das Nachdenken damit
beschäftigt:
Der gestirnte Himmel über mir
und das moralische Gesetz in mir.

Immanuel Kant
(1724 - 1804)

„Für jede Seele bedeutet die kreisförmige Bewegung
ihr Eindringen gleichsam von außen in die eigene Tiefe.
So erfährt sie eine Konzentration ihrer eigenen
geistigen Kräfte, die sie von der Vielheit aller äußeren
Dinge hinweg zu sich selbst zurückwendet.
So kann sie sich im Herzen der eigenen Seele sammeln,
also auf dem Grund der Seele.“

Dionysios Areopagita

Die Form –

sichtbarer Ausdruck des Lebens.
Deshalb ist es wichtig,
die Form zu wahren.

Die Form zu wahren heißt:
in einem Zustand der Balance zu sein.

Im Zustand der Balance zu sein heißt:
nicht Stillstand, sondern so frei und
so weit als möglich zu SCHWINGEN.

Laotse
(700 v.Chr.)

„Wandle dich, sei neu mit
jedem Atemzug.
Brich auf, damit du bestehst.
Sei in der höchsten Freiheit."

Rudolf Steiner
(1861 - 1925)

„Vergottung der Seele?"

Wenn in der Seele nicht erfahrungsgemäß höchste Werte lägen, so würde mich die Psychologie nicht im Geringsten interessieren, da die Seele dann nichts als ein armseliger Dunst wäre.

Ich weiß aber aus hundertfacher Erfahrung, dass sie das nicht ist, sondern dass sie vielmehr die Entsprechung aller jener Dinge enthält, welche das Dogma formuliert hat, und einiges darüber hinaus, was eben die Seele befähigt, jenes Auge zu sein, dem es bestimmt ist, das Licht zu schauen. Dazu bedarf es unermesslichen Umfangs und unauslotbarer Tiefe. Man hat mir „Vergottung der Seele" vorgeworfen. Nicht ich – Gott selbst hat sie vergottet! Nicht ich habe der Seele eine religiöse Funktion angedichtet, sondern ich habe die Tatsachen vorgelegt, welche beweisen, dass die Seele „naturaliter religiosa" ist, das heißt eine religiöse Funktion besitzt: eine Funktion, die ich nicht hineingelegt oder gedeutet habe, sondern die sie selber von sich aus produziert, ohne durch irgendwelche Meinungen oder Suggestionen dazu veranlasst zu sein.

Carl Gustav Jung
(1875 - 1961)

Weisheiten aus Tibet

Die Erde ist wie eine Mutter zu uns.
Was wir ihr auch antun, sie nimmt alles hin.
Daher haben wir die Pflicht,
uns selbst zu beschränken.

Verbringe jeden Tag
einige Zeit mit dir allein.

Der eigentliche Sinn unseres Lebens
besteht im Streben nach Glück.
An welche Religion ein Mensch auch glaubt –
er sucht nach etwas Besserem im Leben.
Ich glaube, daß Glück durch die Schulung
des Geistes erlangt werden kann.

14. Dalai Lama
(Friedensnobelpreisträger 1989)

Jede Seele sucht nach Glück

Nachdem sie allen Dingen nachgerannt ist,
die ihr für den Augenblick Glück zu versprechen
schienen, hat sie erkannt, dass es nirgendwo anders
vollkommenes Glück gibt, außer in Gott.

Jeder Mensch komponiert die Musik seines Lebens.
Wenn er einen anderen verletzt, zerstört er die Har-
monie und bringt einen Missklang auch in die Me-
lodie seines eigenen Lebens.

Hazrat Inayat Khan
(1882 - 1927)

We are all wonderful
musical instruments made
by God for His use.

Thakar Singh
6. 6. 88

Vier Haiku (5 - 7 - 5)

Himmel – lichtblauer Ozean.
Blaue Sternlein:
Frühlings-Enzian.

Frag nicht die Felsen,
die schweigen. Frag: „was ist Glück?"
Falter und Fohlen.

Schau! Himmelhoch der
Regenbogen und genau
drunter: unser Haus.

Rätsel Augenblick.
Dich Fülle, darf ich preisen,
einen Atem lang.

Josef Guggenmos
(1922 - 2003)

Der freie Geist

Oh, das ist Glück, wenn so zerschlagen
 die Welt zu deinen Füßen liegt;
wohin dich deine Füße tragen,
ist aller Raum und Zeit besiegt;
du schnellst dich tanzend durch die Weiten
und lachst der Menschen Wert und Wort,
ein Stück Natur aus Ewigkeiten,
selbst Urteil, Stunde, Maß und Ort.

Christian Morgenstern
(1871 - 1914)

Am Bodensee – „Heimatlob"

„Unsere Hügel sind harmlos.
Der See ist ein Freund.
Der Himmel glänzt vor Gunst.
Wir sind in tausend Jahren keinmal kühn.
Unsere sanften Wege führen überall hin,
wir schmeicheln uns weiter und...
jede Stelle durch einen Kuss.
Kirschen, Äpfel, Trauben und Birnen
Reichen sich glänzend herum.
Zwischen wachsamen Heiligen lachen wir laut.
Die Luft ist süß von Geschichte,
von Durchdachtheit klar.
Der Föhn malt auf Goldgrund
die Höhe der Unendlichkeit.
Wer Möwen möchte, braucht nur an Brot
zu denken, und sie machen für ihn
einen Kunstflugtag.

Schwäne ziehen als andere Gedanken
im Wasser, die kurze Spur der Gegenwart."

Martin Walser
(geb. 1927)

Untersee - Impressionen

Morgensonne verzaubert
die kleinen Wellen
in schwimmende Silbervögel.
Dahinter im Dunst
Dorf Berlingen mit dem
„Paradiesgärtlein"
eines verstorbenen Malers.

Lang hingestreckt
wird die Reichenau sichtbar.
Gestern Abend noch dunkles
Walross - erhebt sie sich
nun schaumgeboren
aus den Fluten, mit Kirchen
und sprießendem Erdreich.

Die ersten Paddelboote
gleiten hinein
in die blinkende Lichtspur ...

Liselott Musil

Fahrt in Oberschwaben

Raps – überall Raps –
Rapsfelder soweit das
Auge reicht – Raps.

In dickem Zitronengelb,
in besonnten Streifen –
links und rechts
der Straße – Raps.

Sie biegt sich hinein.
in die Landschaft
aus Grün und Gelb.

Am Straßenrand wirft
ein dicker Kastanienbaum
seinen breiten Schatten,
lädt ein zur Rast.
Seine üppige Krone
berührt beinah
den pastellblauen Himmel
mit aberhundert von
weißen Blütenkerzen –
wie ein Gebet.

Sacimata

Platanenallee in Tübingen

Ihr seid nicht
wie Dome aus Stein –
zwar streben eure Pfeiler
gleich ihren
zur gewölbten Andacht
empor –
doch eure Wurzeln
reichen tiefer –
mitten ins Herz
des Lebens hinein!

Sacimata

Erntedank 2007

Blau und Herbst – Weinrot
Apfelgrün und Kürbisgelb.
Altweibersommer wärmt mich;
Die Birnau blickt weit.

Sich fallen lassen
in die goldblaue Weite
eines Oktobertages
in die wissende Reife
ums Unumgängliche –
Glück des besonnten
Augenblicks:
        Dieses „Lassen"

Liselott Musil

Alle Herzen werden Gärten

Die Amseln haben Sonne getrunken.

Aus allen Gärten strahlen die Lieder.
In allen Herzen nisten die Amseln,
und alle Herzen werden zu Gärten
und blühen wieder.

Nun wachsen der Erde die großen Flügel,
und allen Träumen neues Gefieder.
Alle Menschen werden wie Vögel
und bauen Nester im Blauen.

Nun sprechen die Bäume im grünen Gedräng,
und rauschen Gesänge zur hohen Sonne.
In allen Seelen badet die Sonne,
alle Wasser stehen in Flammen.

Frühling bringt Feuer und Wasser
liebend zusammen.

Max Dauthendey
(1867 - 1918)

Rosen und Dornen im Rosengarten

Menschen besitzen gute und schlechte Seiten. Es ist wie mit Rosen in einem Rosengarten.

Wenn Sie an Rosen nur das Schöne beobachten und schätzen und Ihre Augen nur das Positive sehen mit vielleicht den Worten: „Oh, wie schön, himmlisch!" werden Sie nur die Schönheit der Rosen wahrnehmen.

Wenn Sie auf diese Weise die Leute betrachten, gibt es für Sie nur schöne und angenehme Menschen in Ihrer Umwelt. Im Gegensatz dazu: Wenn Sie nur die Rückseite der Rosenblätter wahrnehmen und nur die Dornen und Schädlinge entdecken, färbt dies auf Ihr Bewusstsein ab.

Ähnlich ist es im Leben. Wenn man nur Mängel an den anderen Menschen bemerkt, ist es schwierig, die Schönheit im Leben zu genießen.

Die glücklichsten Leute sind diejenigen, die sehen können und dankbar sind für das Gute, um die Schönheit eines Rosengartens würdigen können.

Es ist die Einstellung, die Glückgefühl hervorbrin-
gen kann und Wohlgefühl in Ihr Leben - nach dem
bekannten Gesetz:
     „Gleich und gleich gesellt sich gern."

Masaharu Taniguchi
(1893 - 1993)

Trost

Mir wuchs aus Sorgen und Schmerzen
In Kummers Nacht
Ein Reis, das hat meinem Herzen
Die Ruhe wiedergebracht.

Der Kummer wird wie ein Feuer
Allmählich verglühn –
Kommt dann vielleicht ein neuer
Aber das Reis wird nimmer verblüh'n.

Joachim Ringelnatz
(1883 - 1934)

Die Seele der Quena

„Quena" (ausgesprochen „Puna") bedeutet eigentlich Traum.

Wenn der Tag sich neigt, fühlt man sich in den Anden ernst und einsam.
Der Wind faucht über das Ischugras. Aus den Wolken kommt klagender Flötenton. Unerfüllte Sehnsucht liegt in der Melodie. Wer spielt?
Vielleicht ist es ein Vogel. Es kann auch ein menschliches Wesen sein, das der Quena solche Seufzer entlockt. Die Leute der „Puna" erzählen von Llactan Hanay. Er sei von der Mondgöttin „Mama Quilla" geschickt, um unglücklich Liebende bei seinem Lied sterben zu lassen.
Hören kann man ihn überall in den Bergen. Selbst in den Tälern, in der heiß dampfenden „Selva", wo abends Affen und Vögel rumoren, will man die Musik des Jungen Llactan Hanay schon gehört haben.

In jener Zeit, als unser Land noch von gerechten Fürsten regiert wurde, lebte am Rio Apurimac ein Mädchen namens „Chinawanway". Sie war vornehm und schön, wie eine weiße Lilie. „Llactan Hanay" war ein Jüngling, der im selben Ayllu wohnte. Er liebte das Mädchen von Kindheit an. Wann immer es die gemeinsamen Pflichten in der

Großfamilie zuließen, verbrachten die beiden viele Stunden gemeinsam. Der „Curaca", der Vorsitzende der Ayllu, hatte nichts dagegen, dass die beiden einmal heiraten würden, wenn die Zeit dafür reif war. Doch auch der Apu von Llancacchua – ein Gott der Berge, beobachtete das Mädchen. Er verwandelt oft Frauen in Steine, die am Feuer schlafen, anstatt zu arbeiten. Chinawanway jedoch war nicht nur schön, sondern auch fleißig.

Der Apu näherte sich ihr mit ernsthaften Absichten. Er wollte mit ihr einen Sohn zeugen, der stark und mächtig sein sollte.

Chinawanway war über sein Ansinnen erschrocken. Sie mochte Llactan Hanay sehr und wollte keinen anderen Mann lieben, selbst wenn es der Berggott war und wies den Apu ab. Erzürnt warf er Felsbrocken ins Tal. Sie erschlugen alle Häuser und alle Menschen. Nur Llactan Hanay entkam seiner Wut. Als einziger Überlebender sollte er leiden.

Ein Mensch ohne Ayllu ist ein Fremder im eigenen Land. Wer teilt mit ihm Arbeit und Freude und wer hilft, wenn er einmal krank ist? Ein Mensch ohne Ayllu ist einsam. Hanay hatte nicht nur den Ayllu verloren sondern auch seine Liebste, Chinawanway. Ohne die Obhut der Gemeinschaft und ohne die Zärtlichkeiten von Chinawanway wollte er nicht mehr leben. Verzweifelt irrte er durch die Nacht. Am Flussufer stand die Mondgöttin Mama Quilla. Sie fühlte mit ihm und weinte. Ihre Tränen flossen silbern ins Wasser. „Du bist geboren, damit der

Schmerz einen Namen hat", sprach sie zu ihm. „Schneide eine Quena aus dem Bambus und erzähle der Welt von deinem Leid. Deine Tränen und deine Sehnsucht werden die Seele dieser Musik sein." So geschah es.

Llactan Hanay schnitzte aus einem Rohr, das am Rio Apurimac wächst, eine Flöte und begann darauf zu spielen.

Er hatte keine Familie und wanderte einsam durch das Land. Das Schluchzen der Quena ertönte aus Bambuskronen, aus Wolken, aus Tälern, dem Dschungel und aus Felsenschluchten. Man erzählt sich, dass der mächtige Inka-König Pachacuti ihn einmal hörte und von seiner Musik ergriffen war.

Er ließ ihn überall suchen, um ihn in seine Dienste zu nehmen. In allen Provinzen seines Reiches ließ er nach ihm suchen. Endlich fanden sie ihn und brachten ihn in den Palast. „Wer hat dich das Flötenspiel gelehrt?" fragte der Sohn der Sonne. „Warum klingt dein Lied so ergreifend und traurig?"

„Niemand hat es mich gelehrt", antwortete der Jüngling. „Ich habe mein Ayllu und meine Liebste verloren. Die Trauer in mir leitet meine Musik."

„Du sollst in meinem Palast leben", meinte der König der Inkas. „Vornehme Kleider, kunstvollen Schmuck und eine anmutige Frau will ich dir geben. In meinem Gärten wirst du deinem Schmerz vergessen!"

„In deinem Schloss würde ich sicher glücklich sein, oh Sohn der Sonne", sagte Llactan Hanay, „doch

28

wenn ich das Leid vergessen habe, werde ich nicht mehr auf der Quena spielen können! Nur in der Freiheit leide ich; im Licht des Mondes, im Schatten der Blätter, im Nass des Regens. Nimm' mir bitte meine Einsamkeit nicht, oh Sohn der Sonne! Lass mich glauben, dass die Welt mein ist, lass' mich wieder ziehen!"

Es war kühn, die Gunst, die ihm der Inka-König gewährte, zurückzuweisen. Doch der verstand den Flötenspieler. Vielleicht war Llactan Hanay bereits kein Irdischer mehr, vielleicht ein fremder Vogel, den man nicht in Dienst nehmen konnte und so ließ der Sohn der Sonne den Flötenspieler ziehen.

Heute noch hören wir die Quena überall im Land weinen — unerfüllte Sehnsucht liegt in der Melodie; sie trägt süße Traurigkeit in das Herz.

Nach einem Andenmärchen
(Dietmar H. Melzer)

KLANG SEIN

Ein einziges Gedicht,
das mir gelingt
und meine Grenzen fallen
wie im Winde,
es gibt kein Ding,
darin ich mich nicht finde,
nicht meine Stimme
singt allein -
ES KLINGT.

So musst du die Stunden verstehn:
wachsen und selten bang sein —
KLANG SEIN —
so wirst du über alle Saiten gehen.

Rainer Maria Rilke
(1875 - 1926)

Der Knabe und die Unken

Es war einmal ein Junge, der saß am Abend gern vor dem Haus auf der Steintreppe und die Treppe war noch warm von der Sonne.

Rechts von der Treppe blühte ein Holunderstrauch mit unzähligen Bündeln von silbernen Sternchen; und links standen rote Rosen und dufteten stark und süß.

Da saß der Junge, dessen Vater und Mutter ins Dorf gegangen waren und musste das Haus hüten.

Er dachte an nichts, war nicht froh und nicht traurig und sah nur in den Abend hinein, der dunkler und dunkler wurde.

Auf einmal klang aus dem Garten ein Ton wie von einer Kinderflöte, die aus Weidenholz gemacht ist. Erst ein bisschen zaghaft und dann kräftiger und es kam wieder und wieder.

Der Junge wusste, dass es Unken waren, die da riefen und es gruselte ihn ein bisschen, weil man im Dorf erzählte, dass der Unkenruf Unglück bringen würde.

Aber es dauerte nicht lange, da kam ihm ein lustiger Gedanke, und er ging gleich daran, ihn auszuführen. Er machte sich ganz klein auf der Treppe, stützte die Ellenbogen auf die Knie, verbarg das Gesicht in den Händen, und dann begann er, den Unkenruf nachzumachen.

Erst ging es nicht, und die Töne, die er herausbrachte, klangen ganz anders, eben wie wenn ein kleiner Junge dasitzt und in den Abend hinein flötet, weil er nicht weiß, was er anfangen soll, und gar nicht wie ein Unkenruf aus irgendeiner verborgenen dunklen und feuchten Einsamkeit.

Aber er ließ nicht nach, bis er es richtig herausgebracht hatte und sein Ton nicht mehr anders war als der Ton der versteckten Unken. Erst kam noch nicht, was er eigentlich erreichen wollte. Seinem Unkenruf antworteten andere, aber dabei blieb es.

Doch er wurde nicht ungeduldig, vergaß alles um sich herum und vergaß beinahe sich selber. Da tat es mit einem mal aus dem Kraut des Gartens einen Sprung und dann noch einen und noch einen. Er sah etwas aus der Dunkelheit huschen, und dann saß da ein Tierlein vor ihm, hielt ihm den Kopf entgegen und im sanften Mondlicht glänzten seine Augen wie kostbare Steine.

Er aber hörte nicht auf mit seinem Ruf. Und da gab es wieder einen Sprung im dunklen Garten und wieder und wieder, und es dauerte nicht lange, da waren zu der ersten Unke eine ganze Schar Unken gekommen, und das Kommen nahm kein Ende. Alle reckten ihre Köpfchen empor im Mondlicht und dem Knaben entgegen. Der stieß jetzt langsamer und träger den Unkenruf aus; und es antwortete immer noch.

Er war aber sehr stolz, der Junge, dass es ihm gelungen war, die verborgenen Tiere hervorzulocken.

Er kam sich vor wie ein großer Zauberer oder ein Schlangenbeschwörer in fernen Ländern, von denen er gehört hatte. Er träumte schon davon, dass er an anderen Abenden noch andere Tierstimmen hören und lernen wollte, um dann die ganze geheimnisvolle Abendwelt, die da rief und sang und rauschte und mit Flügeln schlug, in seinen Garten und an die Treppe zu zaubern.

Als noch ein paar Leuchtkäfer aus dem Rosenstrauch und dem Holunder hervorkamen und wie eine Prozession von winzigen Sternen über den Unken schwebte, da war sein Zauberfest fertig und der Junge freute sich schon darauf, wie er am anderen Morgen den Kindern in der Schule davon erzählen wollte.

Aber dann wurde er schläfrig, und es lag ihm nicht mehr viel daran. Ja, es wurde ihm sogar ein bisschen unbehaglich, so viele Tiere um sich zu sehen, die doch sonst niemand liebte. Es wäre ihm recht und lieb gewesen, wenn sie jetzt in ihre dunklen Schlupfwinkel zurückgekehrt wären, in ihre Tümpel und feuchten Verstecke. Aber sie taten es nicht.

Sie blieben sitzen wie geladene Gäste, die auf Bewirtung warten. Sie hielten ihm immer noch die Äuglein zugekehrt und sie funkelten wie seltsame Steine. Der Junge wurde ratlos. Er hätte sie gern verscheucht, doch er schämte sich, das zu tun, weil er sie ja gerufen hatte. Es war ihm, als ob er ihnen etwas schuldig sei – doch wusste er doch nicht, was. Ab und zu rief er eines von ihnen, und nun aus der Nähe klang es viel zarter und feiner und es schien ihm wie ein Bitten von ganz kleinen Kindern, denen man nicht widerstehen kann, weil sie so klein und hilflos sind.

Der Junge dachte hin und her, was er für sie tun könne, und es fiel ihm gar nichts ein. Da ist er plötzlich ganz traurig geworden. Die Tränen stiegen auf und rollten ihm über die Wangen – ein paar erst und dann kam ein ganzer Strom von Tränen und floss ihm übers Gesicht und auf die Erde.

Da saß aber eine ganz kleine Unke und wurde von seinen Tränen benetzt. Der Junge erschrak und wollte sich zurückbeugen. Aber da geschah etwas sehr seltsames. Das Tierlein vor ihm, auf das die heißen Menschentränen gefallen waren, wurde von ihnen gänzlich verwandelt.

Es wurde leicht und flaumig. Sein breiter Kopf wurde schmal und spitz, nur die leuchtenden Äuglein blieben dieselben. Und dann saß da keine Unke mehr vor ihm, sondern ein kleiner Vogel. Der flog in den Rosenstrauch und ließ seine Stimme ertönen. Das war kein eintöniger Unkenruf, sondern der süßeste Gesang einer Nachtigall voll zartester dankbarer Freude, voll Innigkeit und Jubel.

Während des Gesangs aber verschwanden die Unken, die zurückgeblieben waren, eine nach der anderen. Der Knabe meinte fast, dass sie fröhlich davon sprangen, und er müsse ihnen doch etwas gegeben haben, was sie sich von ihm erwartet hatten.

Da kamen Schritte von der Straße. Die Eltern kehrten zurück und er hörte die Mutter sagen: „Ach wie schön, wir haben eine Nachtigall in den Garten bekommen."

Johannes Kirschweng
(1900 - 1951)

2. Kapitel

„Das ist die Sehnsucht:
wohnen im Gewoge
und keine Heimat haben
in der Zeit."

Rainer Maria Rilke
(1875 - 1926)

Das Geheimnis des Schweigens

Schon oft ist mir klar geworden, dass, wer nach WAHRHEIT sucht, schweigsam sein muss. Ich kenne die wunderbare Wirkung des Schweigens. In Südafrika habe ich einmal ein Trappistenkloster besucht, was für ein herrlicher Ort. Die meisten Bewohner des Klosters waren durch das „Schweige-Gelübde" gebunden.

Ich fragte den Abt nach den Motiven dafür und er sagte, der Grund liege auf der Hand: „Wir sind schwache Menschen; wir wissen sehr oft nicht, was wir sagen. Wenn wir auf die leise Stimme hören wollen, die immer in uns spricht, dann werden wir sie nicht verstehen können, wenn wir ständig reden."

Diese wertvolle Lehre habe ich begriffen.
Ich kenne also das Geheimnis des Schweigens.

Mahatma Gandhi
(1869 - 1948)

Das große Schweigen

Im Schweigen der Bäume
atmet dennoch
das Säuseln der Zweige,
im Wiegen des Windes.

Im Schweigen der Wasser
lebt dennoch
das Plätschern der Wellen,
ja, das Lied der Strömung
auf ihrem Weg über die Steine.

Im Schweigen des Himmels
leuchtet dennoch
das Funkeln der Sterne,
beladen mit reicher Botschaft.

Um das Schweigen zu ergründen –,
wisse – ist es mit Nichtreden nicht getan.
Solange die Sorgen dich treiben,
bist du noch fern
vom Raum des großen Schweigens.

Dort und nur dort
lässt dich Gott seine Stimme hören.

Dom Helder Camara
(1909 - 1999)

Der siebte Himmel oder noch höher

Für die jüdische Gemeinde in der russischen Klein-
stadt Nemirow war es eine ausgemachte Sache, dass
ihr Rabbi jeden Sabbat-Morgen in den Himmel
stieg.

Der Beweis lag ja auf der Hand: da er nirgendwo zu
finden war, war er also fest engagiert als ihr Fürspre-
cher beim Himmlischen Vater. So war die Lage, bis
eines Tages ein Zweifler aus Moskau eintraf. Auf die
Geschichte von der Himmelsreise reagierte er mit
schallendem Gelächter. „Was Moses nicht einmal
geschafft hat – das soll nun in Nemirow allwöchent-
lich passieren?“

Die Jünger des Rabbi ließen es auf das Äußerste an-
kommen: „Geh und folge seinen Spuren und über-
zeuge Dich doch“, so forderten sie den Zweifler he-
raus.

Gesagt getan. Am nächsten Sabbat lauerte der Mann
dem Rabbi auf, fest entschlossen, das Geheimnis zu
lüften. Was tat der Rabbi? Vor Morgengrauen zog er
sich die Kleider eines Bauern an, packte Essen und
Trinken für zwei Personen ein, rüstete sich mit Axt
und Werkzeugen aus und machte sich auf den Weg
in den Wald. Der Zweifler folgte seinen Spuren
entsetzt. Nach einer Weile fing der Rabbi an, einen
Baum zu fällen, das Holz zu spalten und es zu bün-

deln. Schwer beladen setzte er den Weg fort, bis er zu einer einsamen Hütte in einer Lichtung kam.

„Bist du es, Iwan?", fragte eine schwache Stimme auf sein Klopfen hin.

„Ja, ich habe etwas Holz übrig von meinem Lager und es dir gebracht". „Schön, dass du mir wieder helfen kommst", erwiderte die Frau, „der Himmel wird es dir vergelten, komm herein."

Der angebliche Iwan betrat die Hütte, und unser Zweifler kam aus dem Staunen nicht heraus. Innen machte der Rabbi Feuer, half der todkranken einsamen Frau aus dem Bett, kochte ihr eine warme Suppe und fütterte sie liebevoll.

„Unser himmlischer Vater füttert uns alle auch; warum soll ich es Ihm nicht ein wenig gleich tun bei dir?", so sagte er ihr, „wie schade, daß ich jeden Tag am Bau arbeiten muss, so dass du so verlassen bist, bis ich wiederkommen kann".

Sodann machte er sich auf den Weg zurück nach Nemirow, zog sich um und ging in die Synagoge mit der festen Überzeugung, Gott mit Leib und Seele gedient zu haben.

Der Zweifler aber schlich betroffen und nachdenklich vom Wald zurück. Wenn jemand später erzählte, der Rabbi verlasse jeden Sabbat die Erde, um in den Himmel zu steigen, lachte er nicht mehr, sondern fügte hinzu, was inzwischen ein „geflügeltes" Wort geworden ist, „wenn nicht noch höher" und gelöst stellte er dann fest:

„Ja, ich weiß es, alle diejenigen, die Nächstenliebe und Mitmenschlichkeit praktizieren, kommen bestimmt in den Ersten Himmel. Diejenigen jedoch, die es im Verborgenen tun, die gelangen bestimmt in den Siebten Himmel hinauf, direkt vor Gottes Thron."

(aus einer Sonntags-Hörfunk-Sendung des BR II vom Februar 2007)

*„Wenn unser Geist die
Ruhe findet, verschwindet
er von selbst.“*

Der Zen-Meister Keizan schrieb zu diesem Vers
ein berühmtes Gedicht:

„Die weißen Wolken steigen herab und verschwinden“

*Allein, mächtig und hoch
ragt der Gipfel des grünen Berges hervor
und stellt hundert Berge in seinen Schatten.*

*Niemand gelangt an den Gipfel
des höchsten Berges.
Niemand versteht diesen geheimnisvollen Ort,
weder Buddha noch Gott,
kein Heiliger, kein Weiser vermag
        es auszudrücken
mit der Kraft der Sprache
noch selbst durch die Stille.
Auch wenn wir tiefgründig studieren
und weit vordringen in der Suche
        nach diesem Ort –*

mögen wir tagelang hinschauen,
es ist, als hätten wir keine Augen.
Mögen wir nächtelang horchen,
es ist, als hätten wir keine Ohren.
Diese Musik - die Melodie einer Harfe
                    ohne Saiten –
einer Flöte ohne Öffnungen –
berührt die kältesten Herzen –
ihre Harmonie erschüttert den
                    spöttischsten Geist.
Subjekt und Objekt, beide verschwinden,
die Betriebsamkeit der Erscheinungen
und die Tiefe der Weisheit
schlummern ein.

Es gibt keine Angst mehr,
keine Pläne, keine Berechnungen,
man denkt nicht mehr.
Der Wind legt sich, die Wogen verschwinden
der Ozean wird ruhig.
Mit dem Abend schließen sich die Blüten.
Die Leute gehen heim.

In den Bergen friedliche Stille.

Einfaches Leben

Ein einfaches Reisgericht,
zum Trinken Wasser,
als Kissen meinen gebogenen
Arm - und dabei kann ich
Freude empfinden.

Unrecht erworbener Reichtum
oder Unrecht erworbene Ehren
sind für mich nur
dahinziehende Wolken.

Konfuzius
(geb. 551 v. Chr.)

Der große Yogi und die kleine Maus

Eine heiter-besinnliche Geschichte
nach einer wahren Begebenheit

Sacimata Musil

Es war einmal ein kleiner Garten, der an einen Park und an eine kleine Terrasse grenzte. Im Frühling blühten Schneeglöckchen und Narzissen darin; im Sommer ein paar Rosenstöcke und im Herbst ein paar bunte Dahlien. Das ganze Jahr sangen Vögel im wilden Kirschbaum, krochen Käfer und Schnecken durchs Erdreich und manchmal eine streunende Katze.

An warmen Sonnentagen konnte man vom Nachbarhaus her eine seltsam gekleidete, magere Gestalt erblicken, die auf einer Steinbank saß, die Füße im Lotossitz gefaltet. Die Augen dieses Wesens, das von einer anderen Welt zu stammen schien, waren groß und strahlend, aber meistens auf die eigene Nasenspitze fixiert oder auf ein Buch in den Händen. Manches mal war ein langes frischgewaschenes Baumwolltuch zum Trocknen über zwei Stechpalmen ausgebreitet, was dem Gärtchen einen exotischen Reiz verlieh. Zwischen den Palmkübeln lagen stets ein paar einfache Sandalen, wie sie die Yogis tragen, die nichts mehr besitzen als ein safrangelbes Kleid auf dem Leib, eine Essschale in der Hand und ein sorgenfreies Gemüt.

Und er war einer von ihnen, der Yogi unserer Geschichte, der hinter dem Gärtchen, an den Stechpalmen vorbei, in einem einzigen Zimmer wohnte, dann, wenn die Tage und Nächte kühl waren. Und das waren sie leider sehr oft, hier im Westen, wohin ihn das Schicksal geführt hatte.

Manchmal sehnte er sich nach seiner indischen Heimat. Aber sein Meister hatte ihn gelehrt, dass man auf diesem irdischen Planeten nur ein Pilger sein könnte und nie Zuhause, es sei denn, im eigenen Herzen.

Und so strebte der Yogi danach, vollkommen zu werden. Er lebte zurückgezogen und keine Wünsche beunruhigten sein Gemüt. Nichts, so meinte er, könnte ihn noch aus dem Gleichgewicht bringen.

In jeder sternklaren Nacht richtete er sein kleines Fernrohr, das im Garten auf einem Steinsockel stand, gegen den Himmel und dachte über den Lauf der Gestirne, das Leben der Menschen und die geheimnisvollen Zusammenhänge der Schöpfung nach. Kurzum, er war ein weiser Mann; keiner von jenen Yogis, die auf einem Nagelbrett schlafen, Feuer auf dem Jahrmarkt schlucken oder sonstwie ihre magischen Künste zur Schau stellen. Er war ein echter Yogi.

Eines Abends, als der Herbstwind die ersten Blätter auf die kleine Gartenterrasse fegte, saß der Yogi im warmen Zimmer und ordnete seine Gedanken. Zur Schlafenszeit räumte er seine Bücher in die Truhe zurück, in der er auch die restlichen Wäschestücke, sein Ess- und Trinkgefäß und ein paar Fotos von Indien aufbewahrte. Und da sah er auf einmal einen merkwürdigen kleinen Schatten quer über den Fußboden huschen.

Er holte nochmals seine Brille hervor, doch bis er die Brille aufgesetzt hatte, war nichts mehr zu sehen. Er dachte aber nicht weiter darüber nach, sondern verneigte sich wie jeden Abend vor dem Bild seines Meisters und ging zu Bett. Er dachte nur noch: „Wie schön müsste es jetzt im warmen weichen Sand sein, mit nur einer Decke über dem Kopf. In Indien bräuchte ich zu dieser Jahreszeit kein Bett" – aber dann war er bereits lächelnd eingeschlafen.

Am anderen Morgen, vor Sonnenaufgang, ging der Yogi wie gewohnt in sein kleines Bad, nahm singend eine kräftige kalte Dusche und putzte sich gründlich die Zähne. Dann wickelte er sich in sein Baumwolltuch, und atmete unter der offenen Tür die frische Morgenluft ein.

Nun wandte er sich seinem kleinen Altar zu, um ihn für die erste Andacht mit ein paar Blättern zu schmücken. Der Yogi zündete zu Ehren seines vierarmigen Gottes Vishnu ein paar Räucherstäbchen an und verneigte sich auch vor einem Bild Buddhas. Als der kleine Raum ganz nach Sandelholz duftete, erinnerte er sich, dass der „Erhabene" allen Lebewesen, auch den Tieren seinen Schutz gewährte, und die Menschen ermahnte, kein Tier zu quälen oder zu töten. Zum Dank dafür, so berichtet die Legende, kam einmal eine ganze Schneckenkolonie zusammen, um den Kopf Buddhas vor der sengenden Sonne zu schützen, als er in baumloser Gegend vergeblich nach Schatten suchte.

Außer Vishnu und Buddha verehrte der Yogi auch das Bild seines gütigen Meisters; dann aber eilte er barfuß in seine Küche, um pünktlich das Frühstück zu machen. Bevor er aß, füllte er Kostproben in Lotosschälchen und opferte sie am Altar. Erst dann setzte er sich nieder und aß langsam und bedächtig.

Was isst nun so ein Yogi? Nun, Grießbrei mit Rosinen, dazu Bananenmus mit Nussmehlbutter und Kardamongewürz. Hinterher gibt es pures Wasser.

Unser Yogi stand nun auf, fütterte seine Singvögel im Gärtchen und begann sein Tagewerk. Er las in seinen Büchern oder empfing ab und zu einen Besucher, der seinen Rat wünschte. Zu allen war er freundlich und immer gut aufgelegt.

So verlief ein Tag so friedlich wie der andere – bis an jenem Abend, als der Yogi seine Lampe anzündete und eine kleine braune Feldmaus vor ihm saß. Sie blickte ihn mit ihren schwarzen Äuglein furchtlos an, machte vor dem erstaunten Yogi ein Männchen – und war verschwunden!

Wo sie wohl wohnte? Der Yogi hatte ja nur dies einzige Zimmer, eine kleine Küche und Duschbad, eine Truhe und ein Regal, in dem er die Opferschälchen aufbewahrte. Wo mochte sie hin geschlüpft sein? Er suchte die Heizungsrohre ab, jede Ecke; aber es fand sich kein Loch in der Wand und auch keines, das in die Tiefe führte. So konnte die Maus nur vom Gärtchen herein- und wieder hinausgelaufen sein. Dabei war aber die Tür verschlossen. Der Yogi wartete noch ein wenig, aber nichts rührte sich. So verneigte er sich wie jeden Abend vor dem Bild seines Meisters und ging zu Bett.

Diesmal schlief er nicht sofort ein. Er dachte: „Wenn ich der Maus etwas Käse hinstelle, würde sie sich bestimmt bemerkbar machen", und er stand mitten in der Nacht auf, lieh sich ein Opferschälchen aus, füllte es mit ein paar Käsestückchen und stellte es hinter den Vorhang.

Er selbst aß übrigens keinen Käse mehr; der stammte von einem Besucher, dessen Gabe er nicht ablehnen wollte. Er lebte nur noch von selbstzubereiteten Speisen aus Reis, Milch, Kartoffeln, Früchten, Gemüse, Salat und verstand es meisterhaft, indisch gewürzte Köstlichkeiten zuzubereiten. Er gab davon auch seinen Besuchern. Mancher sagte von ihnen: „Welch köstliche Speisen, wie machen Sie das; können Sie

mir das Rezept verraten?" Und dann freute sich der Yogi und lächelte.

Er war immer mit Liebe bei der Sache. Man weiß ja, dass alles, was mit Sorgfalt und Liebe gekocht ist, einfach viel besser schmeckt.

„Das nächste Mal will ich der Maus auch von meinem Essen anbieten", dachte der Yogi, „wenn sie sich noch in meinen Zimmer aufhält."

Das Käseschälchen blieb unberührt. Die Nacht verging, der Tag und ein neuer Abend, aber das Tier zeigte sich nicht. Er öffnete nochmals die Terrassentür, um die gute Nachtluft hereinzulassen und die Sterne in den Baumkronen zu betrachten. Dies machte ihn froh; auch, dass er in einer Stadt wohnte, die noch Bäume hinter den Häusern hatte. Das erinnerte ihn ein wenig an seine ferne weite Heimat. Und er ging glücklich schlafen.

Ein neuer Tag brach an und wie immer ging der Yogi vor Sonnenaufgang in sein kleines Bad. Jedesmal, wenn er den Duschhahn aufdrehte, dachte er:" Wie einfach und praktisch ist das. In Indien muss man das Wasser erst mühsam dreißig Meter und mehr aus der Tiefe des Ziehbrunnens schöpfen. Aber freilich, dafür schmeckte es dort auch so ganz anders als hier, so rein. Man konnte davon satt werden, so gut schmeckte es." Und in Gedanken füllte er ein Schälchen Wasser für seinen Morgenaltar.

Dann zog er wie immer den Vorhang zurück und öffnete die Tür zu seinem Gärtchen. Und dabei sah er, dass das Schälchen leer war. Er hatte also eine Maus. Ja, in diesem Moment war ihm bewusst, es war seine Maus, die ihm nun Gesellschaft leistete. Und er freute sich.

Heute war das „Govardhan-Hill-Fest". An diesem Tag ist es in Indien Sitte, allen Gästen, auch den Tieren Berge von Opferspeisen anzubieten.

Der Yogi machte sich alsbald auf in seine kleine Küche, um ein üppiges Festmahl zu bereiten und es blumengeschmückt in vielen kleinen Lotosschälchen um den Altar zu stellen. Er richtete auch einen Eßhügel für seine Maus. Er rief nach ihr und sagte: „Liebe kleine Maus, du kannst hier bei mir wohnen. Alle Leute sagen zwar, dass Mäuse schädlich sind. Ich kann das nicht behaupten. Ich habe mit dir bisher keinen Ärger gehabt. Bleibe bei mir, iss, höre mir zu und lerne auch ein bisschen."

Der Yogi war glücklich. Den ganzen Tag über sang und tanzte er, spielte auf seinen Messingschellen oder legte indische Musik auf einem alten Plattenspieler auf, den ihm Bekannte geschenkt hatten. Er dachte: „Diese kleine Maus, diese braune Feldmaus hat sich den Fängen einer Katze entzogen. Sie hat bei mir Zuflucht genommen; Vishnu und Buddha werden sie beschützen."

Die Maus aber ließ sich nicht hören und sehen.

Am Mittag empfing der Yogi Gäste. Als er voll Freude von der Maus erzählte, sagte der eine Gast: „Du musst eine Falle aufstellen", und der andere: „Ich würde Gift streuen, Mäuse sind schädlich."

Da sagte der Yogi zu dem ersten Gast: „Ich erinnere mich, dass du einmal eine Maus zu Tode gejagt hast und nun beweise ich dir, dass man sehr wohl mit einer Maus leben kann."

Der Gast schwieg. Der zweite verabschiedete sich lächelnd und sagte: „Du bist wirklich unverbesserlich; nun, du wirst noch deine Erfahrungen machen. Danke für das Essen, es war wieder vorzüglich." Der Yogi lächelte, er ließ sich nicht aus der Ruhe bringen.

Jeden Tag füllte er ein Schälchen mit köstlichen Speiseproben, gekocht, roh, gesüßt und gewürzt, bisweilen auch mit ein paar Nüssen verziert, die er zuvor liebevoll aufgeknackt hatte. Er bot seiner Maus ein richtiges Menü. Jeden Morgen schaute er nach dem Schälchen hinter dem Vorhang. Und immer war es leer. Die Maus aber blieb unsichtbar.

Öfters dachte nun der Yogi: „Früher habe ich zuerst am Morgen meditiert; ich habe die Morgenluft eingeatmet, ich habe gesungen; jetzt aber denke ich zuerst an meine kleine Maus. Das ist nicht richtig. Meine Gedanken sind nicht mehr konzentriert, sie irren ab. Diese Maus kann ein Prüfstein werden auf meinem Weg zur Vollkommenheit." Es störte ihn, nicht zu wissen, wo sie wohnte.

Es kam vor, dass der Yogi, auch bevor er in die Küche ging, um Essen zu kochen, zuerst nach der Maus suchte. Aber er konnte sie nie finden. Er hatte den Eindruck, dass sie sehr oft am Tage zum Garten hinaus- und hereinschlüpfte, denn die Körner, die er den Vögeln streute, lagen nun auch vereinzelt in kleinen Häufchen im Zimmer herum. Er war ständig am Kehren. Ob etwa ein unterirdischer Gang zur Nachbarwohnung bestand?

Eines Tages ergab es sich, dass der Yogi den Nachbarn traf und fragte: „Bitte, haben Sie manchmal eine Maus zu Besuch?"

Der sagte: „Oh nein, ich würde sofort Gift streuen. Doch weshalb kommen Sie darauf?"

Der Yogi antwortete: „Ich wollte Ihnen nur sagen, wenn Sie eine Maus sehen – es ist sicher meine Maus

– dann tun Sie ihr bitte nichts. Es ist eine kleine braune Feldmaus mit einem weißen Bauch. Keine gewöhnliche Hausmaus."

Der Nachbar lächelte und dachte bei sich: „Dieser Yogi ist schon ein seltsamer Kauz. Nun macht er sich noch Gedanken über Mäuse. Er ist recht alt geworden und ist ohnehin weltfremd. Am besten, er würde in seine Heimat zurückkehren. Hier versteht ihn doch keiner. Er hockt immer zuhause, ist meistens allein, hat keine Ansprüche. Das ist doch nicht das richtige Leben." Der Yogi, der die Gedanken seines Nachbarn lesen konnte, lächelte ebenfalls und dachte sich: „Was weißt du von meiner Freundschaft zu der kleinen Maus. Aber im Augenblick ist es besser, zu schweigen."

Später, als der Yogi sein Nachtlager richtete, dachte er: „Seltsam, seit einiger Zeit kann ich meinen Bettkasten nicht mehr öffnen und nie kann ich meine Schlafdecke zurücklegen. Es muss etwas eingeklemmt sein." Er hob die Überdecke hoch und zog langsam an dem Kasten – er ließ sich plötzlich mühelos öffnen. Der Yogi nickte: „Wirklich, man muss nur den festen Willen haben, dann kann man jede Materie bewegen."

Und dann, was geschah?

Eine Flut von kleinen weißen Flaumfederchen flog ihm entgegen und kitzelte ihn im Gesicht. Er erinnerte sich: „Ich hatte doch irgendwann einmal ein Kopfkissen gehabt, ich habe es vergessen."

Und da sah er die Maus. Sie saß mittendrin, das heißt auf dem, was einmal ein Kissen war. Sie sah ihn verängstigt an, wie ein Kind, das Schelte erwartet. Er entdeckte ein riesiges Loch im blauen Inlett und noch einiges mehr, was ich hier nicht beschreiben möchte.

Und mit einem Satz war die Maus verschwunden. Der Yogi war nicht einmal ärgerlich. Er dachte nur: „Ich habe noch zu viel. Ich hätte dieses Kissen längst verschenken sollen."

Dann dachte er weiter nach: „Aha, jetzt weiß ich auch, woher die nächtlichen Klopftöne gekommen waren. Ich habe sie also nicht geträumt. Unter mir wohnt ja niemand, doch es war mir immer, als ob jemand gegen Holz pocht. Dann hat also hier meine Maus ihren Unterschlupf gefunden." Er untersuchte nun den Bettkasten und bemerkte, dass eine Ecke stark angenagt war. So also hatte sie sich Eingang und Ausgang verschafft. „Nun, hier soll sie allerdings nicht mehr wohnen", sagte der Yogi und er verstopfte die schadhafte Ecke.

Die Maus aber blieb verschwunden.

Er hielt ihr eine Predigt: „Du solltest mir wenigstens zuhören. Ich gebe dir ein warmes Zimmer, Unterkunft und Verpflegung und ich habe dir angeboten, den Winter bei mir zu bleiben. Ich finde es aber gar nicht nett, dass du mir die Gastfreundschaft auf diese Weise lohnst." Es war dem Yogi, als ob die Maus in einer Ecke des Zimmers sitzen würde und sich mit den Pfoten die Schnauze hielt vor Lachen.

Wenige Tage später entdeckte er hinter seiner Truhe einen Knäuel aus Wollfasern, der mit Vogelkörnern gespickt war. Die Farbe der Wolle schien ihm verdächtig und – tatsächlich – der kleine Altarteppich war angeknabbert.

Der Yogi erschrak ein bisschen: „O, jetzt richtet sie sich wohl so etwas wie ein Nest her?" dachte er, und als er sich mit dem Nachbarn unterhielt sagte dieser:

„Sie werden sehen, Sie bekommen noch eine ganze Mäusefamilie einquartiert."

Der Yogi nahm es nicht krumm. Er dachte sich: „Angenehm wäre das freilich nicht, eine ganze Mäusefamilie in meinem kleinen Zimmer und den langen Winter über. Ich muss etwas unternehmen. So leid es mir tut, diese Maus hat zuvor auch ihr Auskommen gehabt. Ich mache den Versuch. Ich lasse ihr zwar diese weiche Ecke, aber ich gebe ihr nichts mehr zu fressen." Gesagt, getan; und seither merkte er von der Maus nichts mehr.

Nach einiger Zeit dachte er: „Nun hat sie mich verlassen. Sie weiß, dass ich sie nicht mehr haben will. Ja, ich will sie nicht mehr haben. Sie wird mit lästig."

Um Mitternacht hörte er ein lautes nagendes Geräusch – es war, als ob eine Ratte sich im Zimmer befände, so unangenehm war das Geräusch. Er machte Licht und ging leise in die Ecke, aus der das Nagen kam – aber es war nichts zu sehen. Er legte sich wieder, dreht das Licht aus, dann machte er es wieder an, da es ohnehin Zeit zum Aufstehen war und suchte erneut die Maus.

Diese Maus fing an, ihn zu tyrannisieren und er verstand es langsam, dass es Leute gab, die Mäusen Gift streuen.

Nach seinem Morgenbad und einem kleinen Apfelfrühstück dachte er: „ Nun werde ich meine Stube kehren und den Wollknäuel mit den Vogelkörnern entfernen!" Gesagt, getan. Und was glaubt Ihr, entdeckte er nun, der alte Yogi? Er fand eine Menge seltsamer feiner schwarzer Schnipselchen am Boden. Er setzte die Brille auf, denn er sah schon sehr schlecht – er schaute genauer hin und es durchfuhr ihn ein Gedanke: „Es könnte sein, dass ..." Ja, sein Plattenspieler hatte nicht mehr funktioniert. Tatsächlich, als er das Zuleitungskabel untersuchte, war ein Stück der schwarzen Schnur abgenagt und der blanke Kupferdraht schaute heraus.

„Wie gut, dass ich am Abend den Stecker aus der Steckdose gezogen habe", sagte sich der Yogi. „Die Maus hätte sonst einen elektrischen Stromschlag bekommen. Nein, das will ich auf keinen Fall, dass sie so umkommt." Die Maus aber konnte er nicht finden. Der Yogi dachte: „Nun liegt sie irgendwo und hat Magenschmerzen." Sie tat ihm leid. Als er in seine kleine Küche kam, schwirrten ihm eine Unmenge kleiner Fliegen entgegen, so klein und eklig wie Moskitos. „Wo kommen plötzlich diese Fliegen her?", dachte er. „Immer halte ich meine Küche sauber, auch die Töpfe" und er untersuchte das Obstkörbchen. Aber es lag kein faules Obst herum. Er schüttelte den Kopf. „Früher, bevor die Maus auftauchte, hatte ich nie Fliegen im Zimmer."

Der Yogi war nun sehr gestört. Er sah ein, dass er noch lange nicht vollkommen war. „Nun ist eine Maus zu mir gekommen, um mir zu beweisen, dass ich recht eingebildet war. Ich hatte gedacht, ich sei gleichgültig gegenüber allem, was geschieht – nun sehe ich, dass eine kleine Maus imstande ist, mein Gemüt zu stören – ich bin eben erst am Anfang des Weges, der zur Vollkommenheit führt."
Er setzte sich niedergeschlagen hin, die Füße im Lotossitz gefaltet und kam sich sehr klein vor. Er dachte: „Ich erteile vielen Menschen Ratschläge und werde selbst nicht einmal mit dem Problem einer kleinen

Maus fertig. Es sind wirklich Nagetiere. Jetzt kann ich auch verstehen, dass es Katzen geben muss. Bisher konnte ich sie nicht leiden, weil sie auf meine Singvögel aus sind. Vielleicht sollte ich mir eine Katze ausleihen." Aber er tat es natürlich nicht, wie Ihr euch denken könnt.

Er wandte sich an seinen Gott, damit er einen seiner mächtigen Arme rühren möge: „Bitte, hilf mir! Ich habe wie du weißt, dieses Problem mit der Maus, die ich nicht töten darf und will. Aber sie nagt nicht nur an meinen restlichen Sachen, sie nagt auch an meinem Gemüt und es fällt mir immer schwerer, an dich zuerst zu denken!" Vishnu lächelte ihn an, unergründlich wie der Ozean.

Am Abend kamen die Kinder von nebenan. Sie konnten den Yogi gut leiden, er war immer nett zu ihnen, gab ihnen süße Sachen und ab und zu eine Blume vom Altar, wie es in seiner Heimat Sitte ist. Sie sagten zu ihm: „Du wirst die Maus schon noch fangen. Dürfen wir dir helfen? Dann kannst du sie im Käfig halten und füttern."

Aber er schüttelte den Kopf. „ So erzähl' uns doch bitte mal wieder eine Geschichte", bettelten sie. Und der Yogi erzählte ihnen von dem mächtigen Göttervogel Garuda, er erzählte ihnen von einer Spatzenmutter, deren Eier vom Meer verschlungen wurden und die sehr unglücklich darüber war und die sich an Garuda erinnerte. Sie rief ihn an und da befahl Garuda dem Meer, die Eier wieder herauszugeben. Man sagt ja, dass der Glaube Berge und Meere versetzen könne.

Die Kinder bedankten sich und sagten leise beim Heimgehen: „Was hat er nur, der gute Yogi, er sieht so verstört aus?"

Der Yogi konnte diesmal überhaupt nicht einschlafen. Er wälzte seine Gedanken hin und her und seine magere Gestalt von einer Seite zur anderen.

Er muss aber dann doch eingeschlafen sein, denn er hat mir selbst diesen Traum erzählt! Also, in dieser Nacht träumte er von einem Keller, in dem sich ein großes Regal befand und in diesem Keller war es sehr dunkel. Allerdings, die Bretter im Regal waren taghell beleuchtet. Und auf den Brettern, was meint Ihr, was auf den Brettern war?

Mäuse! Große Mäuse mit großen Ohren, kleine Mäuse mit kleinen Ohren, ganz kleine Mäuse, winzige Mäuse und im letzten Fach saßen so winzig kleine Mäuse, dass man ihren Kopf und ihre Ohren nicht sehen konnte, aber die Schwänze! Nichts als Schwänze, ellenlange Schwänze! Und alles bewegte sich, tänzelte und kringelte sich, dass der Yogi im Traum zu viel bekam. Er packte seinen Reisigbesen, mit dem er normalerweise seine kleine Terrasse kehrte. Sie liefen aber nicht weg, wie seine Maus, diese Mäuse. Es schien, als ob sie an den Brettern klebten. Aber dann gelang es ihm endlich, ein Brett nach dem anderen freizubekommen und er fegte die ganze Mäuseschar energisch vor die Kellertür.

Er wachte auf und war froh, dass es nur ein Traum gewesen war. Und er dachte: „Dieser Traum hat etwas zu bedeuten. Ich muss die Maus loswerden. Ich werde wirklich in Zukunft noch eine Mäusefamilie beherbergen und sie werden mir alles zusammenbeißen, mein Bücher über die Gestirne, meine Kleider und sie werden auch noch meine Sandalen annagen." Ganz laut sagte er: „Maus, wehe dir, wenn du dir erlauben solltest, den Altar zu berühren. Dann sei dir Buddha gnädig. Dann ist es zwischen uns endgültig aus."

Untertags kam ein Freund vorbei und neckte den Yogi: „Na, wie geht es mit der Maus? Es ist doch ganz klar, dass sie dir das Kabel, deinen kleinen Teppich angeknabbert hat, den Kasten, das Kopfkissen. Du musst ihr wieder etwas zu fressen geben. Sie hat einfach Hunger."

Der Yogi dachte: „Es ist wahr. Ich werde ihr etwas zum Nagen geben." Er holte eine große gelbe Rübe aus dem Gemüsekorb, den die Maus bisher nicht berührt hatte – überhaupt schien sie sich in der Küche nie aufzuhalten. Eine sehr seltsame Maus, die sich auf Wolle, Vogelkörner, Plastikschnur und Bettfedern konzentrierte. Er legte also eine große Rübe, die er, wie es sich gehört, zuvor gewaschen hatte, auf ein Schälchen, auch etwas Reis mit Blumenkohlgemüse dazu und stellte es wie früher hinter den Vorhang.

Um Mitternacht hörte er wieder ein Nagen, diesmal klang es sehr zart und behutsam und es raschelte wie Seidenpapier. Das Geräusch kam aus der Ecke, wo sich seine Truhe befand. Da fiel ihm siedend heiß ein: „In der Truhe sind zwei Luftlöcher..." Mit einem Satz sprang er auf, machte Licht und schlug den Truhendeckel auf – aber keine Maus saß darin.

Doch dafür sah er tausende feinster Papierfetzelchen aufgehäuft und darunter befanden sich seine Bücher, bei denen der Rand fehlte. Höflicherweise hatte die Maus noch Buchstaben und Zahlen verschont – aber die Bücher sahen schrecklich aus mit den vielen Spuren der Mäusezähne, die sich in das Papier eingegraben hatten.

Der Yogi dachte: „Man hört immer von den niedlichen Mäusezähnchen und auch, dass Kinder Mäuse lieben. Stimmt das, Kinder? Ich finde, dass Mäuse nicht niedlich sind. Sie sind nicht nur schädlich, sie sind Nervensägen und lästig."

„Jetzt habe ich aber wirklich genug", sagte der Yogi laut und räumte noch nachts seine Truhe aus, entfernte die tausend und abertausend feinen Papierfetzelchen, wischte den Boden aus, legte die angeknabberten Bücher, seine Essschale und seine Wäsche zurück, verschloss die Luftlöcher von innen mit einer Glasplatte und schloss den Deckel.

Er wusch sich die Hände und dann wandte er sich an Buddha. „Erhabener, kannst du mir nicht sagen, was das zu bedeuten hat? Ich muss sagen, du hast diese Maus mit einer hohen Intelligenz ausgestattet. Ich bin dieser kleinen Maus nicht gewachsen."

Und er meditierte und meditierte und meditierte ... bis die Sonne durch die Vorhänge schien. Aber da war er eingenickt. Und es war ihm, als sähe er Vishnu lächelnd vor sich stehen, als blaue Lichtgestalt, blauer als der Morgenhimmel über Indien und er bekam Sehnsucht nach seiner Heimat.

Wenn Ihr nun denkt, dass die Geschichte von dem großen Yogi und der kleinen Maus zu Ende ist, so täuscht Ihr euch. Sie geht noch solange weiter, bis es Winter ist und die Maus die Gemeinschaft mit dem Yogi nicht missen will. Sie geht solang weiter, bis der Yogi sie kurzerhand an die Luft setzt, aber, wie Ihr euch denken könnt, bringt er es nicht übers Herz, jetzt in der kalten Jahreszeit. Auch kann er jetzt nicht nach Indien. Der Weg ist sehr weit. Zu Fuß geht das überhaupt nicht und für das Flugzeug hat er kein Geld. Also wird nichts daraus. So rollt der Yogi seinen kleinen schadhaften Altarteppich zusammen, betrachtet die Truhe, sein Regal, sein Bett und seinen Altar. Ja, er überlegte sich, ob er nicht alles am besten verschenken sollte...

☆

Die Maus weckte den Yogi nun jede Nacht um zwei Uhr mit Geräusch und Rascheln und Piepsen – doch jedes Mal, wenn er sie suchte, war sie verschwunden. Manchmal sah er ihren Schwanz, aber er versuchte nie daran zu ziehen. Müde sagte er: „Du weißt, dass du die Mächtigere von uns beiden bist. Ich werde dich aber nicht töten."

Eines Tages brachten Bekannte den Yogi darauf, dass Mäuse den Geruch von Mottenkugeln hassen. Er ging also in einen kleinen Kramerladen und kaufte eine Menge Mottenkugeln und verstreute sie in alle Ecken des Zimmers, um Altar, Truhe und Bett. Aber, als er nach einiger Zeit nachsah, hatte die Maus einfach die Mottenkugeln aufgefressen. Inzwischen verbreitete sich ein bestialischer Geruch, der den feinen Duft der Räucherstäbchen verdrängte. Er dachte: „Alles Feine wird vom Groben vernichtet. Ich werde die restlichen Mottenkugeln wieder entfernen." Und er lüftete sein Zimmer besonders gründlich und steckte ein ganzes Bündel von feinsten Räucherstäbchen an.

Dann wandte er sich an Buddha: „Verehrter, Gott Vishnu hat mir nur zugelächelt und mir keinen Rat erteilt. Du aber hast zu den Tieren gepredigt und wenn ich mich erinnere, auch zu einer Maus oder

Ratte. Kannst du meiner Maus nicht Anweisungen geben, wie sie sich im Heim eines Yogi zu verhalten hat, der ihr Essen und Unterkunft gewährt?!" Aber Buddha lächelte unergründlich wie der Ozean.

Kurz darauf kam der Bruder des Yogi vorbei und brachte ihm eine Mausefalle, eine Mausefalle, bei der garantiert war, dass man das Tier lebend fangen könnte. Der Yogi ließ sich das Modell vorführen und als er sah, dass dem Tier nichts zustoßen könnte, bedankte er sich und nahm das Geschenk an. Er legte etwas Essen in den Käfig und verschloss das Türchen sorgfältig, das Türchen, mit dem er dem Tier wieder die Freiheit schenken wollte. Bevor er schlafen ging, stellte er den Käfig hinter den Vorhang.

In dieser Nacht schlief der Yogi überhaupt nicht. Bei jedem Geräusch im Haus machte er Licht; aber einmal knackte nur die Heizung, oder der Nachbar ließ den Wasserhahn laufen oder der Mieter über ihm schlurfte in seinen Pantoffeln schlaflos hin und her – kurzum, er nahm Geräusche wahr, die er früher einfach überschlafen hatte, denn er hatte ja einmal einen herrlichen tiefen Schlaf. Nun klatschte auch noch Regen gegen die Terrassentür und der Wind heulte. Ab und zu schaute der Yogi nach der Mausefalle – aber nichts ereignete sich.

Da, auf einmal, so um zwei Uhr nachts, also schon gegen morgen, hörte er ein Geräusch, als ob jemand mit Kupferdrähten Zither spielen würde. Der Yogi hielt den Atem an. Dieses Geräusch wurde immer stärker. Die Maus hatte sicher sehr Hunger. Er spürte die Aufregung des kleinen Tieres, das nun im Kreise lief und sich an den Kupferdrähten anstieß. Er machte

Licht – und tatsächlich – die kleine Maus war gefangen.

„Liebe Maus", sagte er, „ich lasse dich sofort wieder frei, warte einen Moment." Das Tier war total verängstigt. Das Herz klopfte ihm, dass man es durch den Pelz schlagen sah und es klettere an der runden Mausefalle wie in einem Zirkuszelt auf und ab.

„Ich werde dir gleich helfen", sagte der Yogi laut und leise zu sich „nun werde ich bald wieder meine Ruhe haben." Er öffnete die Terrassentür, zog die Jalousie hoch, nahm den Käfig und besah sich noch kurz das kleine Tier, bevor er es an die Luft setzte – es war eine hübsche kleine Feldmaus mit braunem Fell und weißem Bauch und zierlichen rosa Pfötchen. Ja, er wollte sie an die Luft setzen – aber bevor er sich versah, hatte sich das Tier durch den Draht gezwängt und war zur offenen Tür gerannt.

„Nun ist sie weg", dachte der Yogi und schloss die Tür, „eigentlich war es doch ganz amüsant mit ihr" und legte sich zu Bett.

Er schlief nicht. Es war ihm, als ob er es rascheln hörte. Sollte eine neue Maus aufgetaucht sein? Nein, es war die kleine Maus, seine Maus, die schneller als ein Menschenauge schauen kann, umgekehrt war. Doch nun wusste er, wo sie sich aufhielt. Was meint Ihr? Einfach hinter seinem Bett. Unter einem Mauervorsprung, den er bisher nicht gekannt hatte. Und er nahm ein Brett, das er schon lange vorbereitet hatte und verschloss ihr den Rückweg.

Er dachte sich: Nun muss ich sie gefangen halten; ich werde ihr jeden Tag Futter geben und ich werde versuchen, die Falle wieder aufzustellen.

Gedacht, getan. Gegen zwei Uhr morgens klopfte die Maus an das Brett und der Yogi zog es leise zurück, um die neugefüllte Mäusefalle in die Lücke zu schieben. Die Maus steckte sofort ihren Kopf aus, aber sie war so schlau, nur mit den Pfoten nach dem Futter zu greifen. Der Yogi legte sich wieder schlafen.

Bei Sonnenaufgang fand er ein Stück ihres braunen Pelzchens im Draht hängen. Es tat ihm leid und er dachte sich alle möglichen Konstruktionen aus, wie er einen Gang schaffen könnte, der vom Versteck hinaus in die geöffnete Gartentür führen konnte – aber dann müsste er Tag und Nacht offen halten und dazu war es bereits zu kalt.

„Dann müssen wir eben versuchen, miteinander auszukommen", sagte der Yogi und versuchte, sich mit diesem Gedanken anzufreunden. Er begann, früher zu Bett zu gehen. Er war doch sehr müde.

☆

Hatte ihn zuvor nur die Maus beschäftigt, so beschäftigten den Yogi nun die Bekannten mit lästigen Fragen: „Wie geht es der Maus; lebt sie noch? Das geht doch nicht so weiter" und so fort.

Er bekam mit der Post sogar Grußkarten mit Mäusemotiven, auch Mäusebücher und Mäusefallen. Er hätte sich zum Mäusespezialisten entwickeln können." Er dachte sich, „Menschen benehmen sich oft wie Mäuse. Sie nagen bisweilen an den Nerven der andren, nehmen ihnen ihre Lebenskraft weg, nehmen von ihnen Besitz. Wahrscheinlich liegt es daran, weil sie zu wenig nachdenken. Ich bin bestimmt ein kleiner Yogi, aber ich versuche doch, die Schuld nicht bei der Maus zu suchen, sondern bei mir. Ich denke, dass es einen Grund hat, warum diese Maus bei mir wohnt."

Mit diesen Gedanken ging der Yogi zu Bett und sein Gemüt beruhigte sich langsam. Zuvor hatte er natürlich wieder den Mäusekäfig als Futtertrog gefüllt.

Etwas um Mitternacht hörte er es rascheln, ein Klirren wie an Kupferdrähten. Es kam ihm recht bekannt vor. Und was glaubt Ihr? Die Maus war vor lauter Hunger ganz in den Käfig zurückgekehrt.

Der Yogi machte Licht und handelte diesmal schnell. Er warf ein vorbereitetes Tuch über den Käfig, öffnete die Terrassentür zu seinem kleinen Garten, stellte den Käfig davor und schloss rasch die Tür. Nun zog er sich an, um sich nicht zu erkälten: „Ich muss sie freilassen", sagte er zu sich. „Wie gut, dass in dieser Nacht kein Frost herrscht." Und er ging, mitten in der Nacht aus seiner kleinen Wohnung hinaus, den langen, langen dunklen Hausflur entlang, der rückwärts in eine große Tür und in den Park mündete. Dann kam er von dorther auf seine Terrasse und holte den Käfig ab. Behutsam hob er ihn hoch und trug ihn mit der kleinen Maus darin zur Mauergrenze am Park.

Es war eine milde Nacht. Ein wunderbarer Sternenhimmel wölbte sich funkelnd über dem Garten. Es war still, nur ein Käuzchen schrie vor Hunger.

Der Yogi fühlte sich plötzlich wie ein Baum, der seine Äste frei in den Himmel streckt. Er fühlte sich so wohl und zufrieden wie schon lange nicht mehr. Er pries den Schöpfer, der sich aller Lebewesen liebevoll annimmt. Dann öffnete er die Tür des Käfigs. Er drehte sich nicht um, als er ins Haus zurückging. Er wollte nicht dabei sein, wenn ihn die Maus verließ.

„Schade", piepste da auf einmal die kleine Maus. „Schade. Jetzt kann ich mein Schweigen brechen, aber nun hört er mich nicht mehr, der gute Yogi. Er ist wirklich vollkommen. Er hat es bewiesen. Jeder andre Mensch hätte mich längst getötet. Ich bin eben eine Abgesandte Buddhas gewesen."

„Hat jemand schon so eine Lästerung gehört", schrie der Kauz zum zweiten Mal und schneller, als das Mäuslein laufen konnte, hatte er es gepackt und auf den nächsten Ast geschleppt.

„Garuda, Göttervogel", rief da kläglich die Maus, „bitte, hilf mir!" Aber der Kauz schrie zum dritten Mal und schüttelte sich vor Lachen. „Nun habe ich erst recht Appetit auf dich", sagte er und wollte der Maus das Genick brechen.

Aber da rauschte es in der Baumkrone über ihm und Garuda erschien, der mächtige Göttervogel. „Halt!" rief er, „Halt! Nicht diese da. Hier, es laufen genug andre Mäuse im Garten herum. Diese gehört mir, denn sie hat bei einem Yogi gelernt. Sie muss die jungen Mäuse nun unterrichten, wo sie nagen dürfen und wo nicht."

Und Garuda ergriff die zitternde Maus und trug sie hoch bis zu ihrem Stern.

Inzwischen hatte der Yogi nicht schlafen können – zu viel kam ihm in den Sinn. So ging er nochmals auf seine kleine Terrasse und zu seinem Fernrohr. Ein funkelnder Sternenhimmel wölbte sich über die Erde und der Vollmond leuchtete intensiv weiß und hell.

Da – was erblickte der Yogi in seinem Fernrohr? Er sah, wie Garuda, der Göttervogel mit der Feldmaus zwischen den mächtigen Flügeln am Mondball vorbeiflog – es sah wie ein seltsamer Schattenriss aus. - - -

Da lachte der Yogi! Er lachte, wie schon lange nicht mehr. Er lachte, dass ihm die Tränen kamen. Er lachte vor allem über sich selbst und dass er auf das Verhalten der kleinen Maus hereingefallen und das Spiel zu ernst genommen hatte, er kehrte in sein Zimmer zurück und schloss die Terrassentüre.

Dann verbeugte er sich vor der geschnitzten Figur Lord Vishnus aus Bali – nahm seine „Bhagavad-Gita" zur Hand und las dann jene Stelle, die mit einer Pfauenfeder eingemerkt war:

> *„Ein wahrer Yogi sieht MICH in allen Wesen*
> *und alle Wesen in MIR!"*

Und dann ging der Yogi, glücklich und zufrieden wie schon lange nicht mehr, endlich schlafen.

3. Kapitel

„Wenn alle Wege verstellt sind,
bleibt nur der Weg nach oben."

Franz Werfel
(1890 - 1945)

Gott wohnt in meiner Sehnsucht

Ich wage,
an einen unsichtbaren Gott zu glauben
und ihm zu vertrauen,
zu glauben, dass er für mich ist.

Es stört mich nicht,
dass ich auf manche altmodisch wirke.
Ich weiß,
dass die Fragen nach Gott
und nach Lebenserfüllung
zeitlos sind.

Ich wage es,
mich dieser tiefsten Sehnsucht in mir
zu stellen.

Ulrich Schaffer
(geb. 1942)

Der „mittlere" Weg

Für Menschen, die innerlich von Gottes Gegenwart erfüllt sind, ist Arbeit Gebet. Ihr Leben ist ein fortwährendes Gebet und ein einziger Gottesdienst.

Für die anderen, die nur nach dem Gesetz der Sünde handeln, die ihren eigenen Neigungen nachgeben und ihrer Selbstsucht dienen, wäre keine Zeitaufwand zu groß, wenn sie Geduld, Glauben und den Willen zur Reinheit hätten, würden sie beten, bis sie wirklich die läuternde Gegenwart Gottes in sich erfahren.

Wir Normalsterblichen müssen einen Mittelweg zwischen diesen beiden Extremen gehen. Wir sind nicht so erhaben, dass wir sagen können, alle unsere Handlungen seien Hingabe, noch sind wir nicht so tief gefallen, dass wir nur unserer Selbstsucht dienen. Darum haben alle Religionen bestimmte Gebetszeiten festgelegt.

Leider sind sie heute rein mechanisch und formal, um nicht zu sagen heuchlerisch geworden.

Was wir also brauchen, ist eine rechte innere Haltung beim Gebet.

Mahatma Gandhi
(1869 - 1948)

Die Kraft der Gedanken

Gott hat die größte Macht, die Er gewähren konnte, dem Geist geschenkt.

Da jeder Gedanke von dieser Macht des Geistes durchdrungen ist, hat er natürlich seine Wirkung. Mit dieser Erkenntnis könnt Ihr Wohltäter der Menschen werden.

Jeder kann seine Gedanken wie Boten, wie kleine lichtvolle Geschöpfe durch den Raum senden – bis in die entferntesten Regionen, und sie beauftragen, den Menschen zu helfen, sie zu trösten, aufzuklären und zu heilen.

Derjenige, der diese Arbeit bewußt vollzieht, dringt nach und nach in die Geheimnisse der göttlichen Schöpfung ein.

Omraam Mikhaël Aïvanhov
(1900 - 1986)

Lebenslauf

Größeres wolltest auch du, aber die Liebe zwingt
All uns nieder, das Leid beuget gewaltiger,
Doch es kehret umsonst nicht
Unser Bogen, woher er kommt.

Aufwärts oder hinab! herrschet in heil'ger Nacht,
Wo die stumme Natur werdende Tage sinnt,
Herrscht im schiefesten Orkus
Nicht ein Grades, ein Recht oder auch?

Dies erfuhr ich.
Denn nie, sterblichen Meistern gleich,
Habt ihr Himmlischen, ihr Alleserhaltenden,
Dass ich wüsste, mit Vorsicht,
Mich des ebenen Pfads geführt.

Alles prüfe der Mensch, sagen die Himmlischen,
Dass er, kräftig genährt, danken für alles lern',
Und verstehe die Freiheit,
Aufzubrechen, wohin er will.

Friedrich Hölderlin
(1770 - 1843)

„Göttliches Schattenspiel"

Kelim - der Schirm

Auf dem blanken Schirm Deines Tages bewegen sich die Schatten der Menschen.
Ich sehe sie und weiß, dass sie es nicht sind. Ich beschaue mich selbst, mein Antlitz und meine Hände, und ich weiß, dass ich es nicht bin.

Auf dem weißen Tuche dieser unruhigen Welt bewegen sich die Menschen wie Schatten:
Sie lieben sich und tragen Liebe, sie hassen und verachten sich; doch all ihr Streben ist das Streben von Schatten und müßige Eitelkeit.

Wir sind Schatten auf dem Schirm Deiner Zeit; aber Du hältst uns in Deiner Hand im Lichte Deiner Ewigkeit.

Wir sprechen von Streiten und Leiden, von Überwindung, von Ende und Schmerz. Aber in Deinem Licht heißt alles „Liebe", und darum ist das ganze Leben ein sehnsüchtiges Warten, um durch Deine Hand im Glanz Deines flammenden Lichts auf dem weißen Schirm Deiner unruhigen Welt bewegt zu werden.

aus den „Wajang-Liedern"
Raden Mas Prinz Noto Soeroto, Java
(1888 - 1951)

Vollkommenheit

„Ein vollkommener Yogi ist,
wer im Vergleich mit seinem
eigenen Selbst die wahre
Gleichheit aller Wesen in ihrem
Glück und in ihrem Leid sieht.“

Bhagavad-Gita
(Kap. 6, Vers 22)

Übung der Achtsamkeit

Einst kam eine alte Frau zum Buddha und fragte ihn, wie sie meditieren solle. Er wies sie an, sich jeder Bewegung ihrer Hände bewusst zu sein, wenn sie Wasser aus dem Brunnen schöpfte, denn er wusste: wenn sie darauf achten würde, wäre sie bald in jenem Zustand wacher und weit offener Ruhe, die Meditation ist.

Die „Übung der Achtsamkeit" – den zerstreuten Geist heimzubringen und so die verschiedenen Aspekte unseres SEINS in der Konzentration zu sammeln – wird „friedvolles Ruhen" oder „ruhiges Verweilen" genannt.

In diesem „Zur-Ruhe-kommen" beginnen wir uns selbst besser zu verstehen, und haben gelegentlich schon einen Schimmer unserer grundlegenden Natur.

☆

Ein großer tibetanischer Meister sagte: „Nach der Meditationspraxis sei ein Kind der Illusion".

Sogyal Rinpoche
(geb. 1942)

Meditation

Sitzen – sich sammeln –
warten
auf Frieden in dir
und Licht!

Sitzen – sich leer machen
von Gedanken –
geduldig warten
aufs Licht.

Ergeben sitzen –
nicht mehr warten,
einfach SEIN
im Einklang mit dir!

Das Dunkel bricht
im Augenbrennpunkt –
du selbst
wirst das Licht!

Sacimata

Das innere Auge

Christus sagte: „Nur der Sohn kennt den Vater und wem es der Sohn will offenbaren."

Der Mensch, in dessen Körper sich Gott offenbart, hilft auch anderen, den ihnen bereits innewohnenden Gott zu offenbaren. Er braucht nichts von außen hinein zu tun, es ist schon da.

Deshalb ist der Körper der wahre Tempel Gottes. In ihm könnt ihr euer inneres Auge öffnen, um IHN zu sehen. In welcher Gestalt? Nicht in der absoluten Gestalt, sondern so, wie sich Gott zum Ausdruck bringt, als Licht- und Tonprinzip.

Ihr könnt euer inneres Auge, das „Dritte Auge" oder Einzelauge öffnen lassen. „Wenn dein Auge einfältig ist, wird dein ganzer Leib Licht sein."

Um IHN zu sehen, müßt ihr euch nach innen wenden, euch von außen und vom Körper zurückziehen und über das Körperbewußtsein erheben. Er wartet auf euch.

Ihr seid einfach vom rechten Weg abgekommen. Aus Liebe zur Welt habt ihr Gott vergessen.

Sant Kirpal Singh
(1894 - 1974)

*„Wir sollten diese Lebensspanne nutzen,
denn der Zweck des menschlichen Lebens ist es,
sich selbst als Seele zu erkennen
und Gott zu finden."*

Satsang in den Bergen
„Es gibt einen klugen Freund"

Dem Menschen wurde sehr großer Einfluss und sehr große Macht verliehen. Er kann alles erschaffen, er kann alles erhalten, er kann anderen helfen, und er kann sich selbst erfreuen. Aber er hat nicht gelernt, mit seinem großen Seelen-Selbst zu arbeiten. Er hat nur den physischen Körper benutzt, der unentwegt Hilfe braucht, der immer wieder hungrig ist, der immer Probleme macht, der nie glücklich sein kann. Das ist eine traurige Geschichte.

Die Geschichte des Menschen hat also zwei Seiten, die eine ist eine Tragödie und die andere ein Glück. Solange ihr nur mit dem Körper in dieser Welt aktiv seid, wird euer Leben eine Tragödie bleiben, gleichgültig, welche Anstrengungen ihr dafür aufbringt. Es kann sich niemals in ein Leben voller Glück verwandeln. Was könnt ihr denn schon mit Staub anfangen? Er wird immer Staub bleiben. Gold kann als Gold und ein Edelstein als Edelstein dienen, Staub aber dient nur als Staub. Wie könnt ihr den Staub dazu bringen, als Gold zu dienen? Gold kann er niemals ersetzen.

Aber alle Leute dieser Welt sind völlig verrückt und gefühllos geworden. Sie versuchen dieses Leben des Körpers zu leben, das nichts weiter bedeutet als: „Staub bist du, und zu Staub wirst du wieder werden." In der Bhagavad-Gita steht auch geschrieben: „Was ist der Körper? Er ist nur für den Tod bestimmt."

Wir sind Seelen. „Die Seele trägt das Siegel Gottes; gebt sie Gott!", und dann wird sie sich von allein erfreuen. Wenn ein Mädchen einen König heiratet, wird sie automatisch Königin. Sie muss nicht dafür arbeiten, eine Königin zu werden, oder das Recht erwerben, sich wie eine Königin zu erfreuen. Es mag sein, dass das Kind eines Königs arbeiten muss, aber eine Königin soll sich nur als Königin erfreuen und alle Annehmlichkeiten des Königreichs erhalten.

Diese Möglichkeit hat jeder Mensch erhalten. Wir müssen uns mit Gott, der in uns ist, vereinen. Dann sind wir frei, um uns zu erfreuen, und werden keine andere Pflicht, keine andere Arbeit mehr haben. Doch unser Ego sagt: „Ich will dies tun, ich werde jenes tun." Mein Meister erzählte gerne das Beispiel von einem Mann, der in einem Zug reist und seinen Koffer auf dem Kopf trägt. Wie würden wir so jemanden nennen? Der Zug trägt die Last seines Koffers ohnehin. Wenn er ihn abstellen würde, würde das für den Zug keinen Unterschied bedeuten, aber der Mann hätte es leichter.

Wenn wir Gott haben, und wenn wir den Meister haben, dann ist er für uns verantwortlich. Er nimmt seinen Sitz in unserer Seele ein, und er übernimmt alle unsere Verpflichtungen, Wenn wir aber immer noch meinen, dass wir für uns selbst verantwortlich sind, ist das eine große Torheit unsererseits. Als Körper, Gemüt und Intellekt können wir nicht einmal die Verantwortung für einen Fingernagel oder ein Haar übernehmen. Wir können es nicht, wir sind nicht in der Lage dazu. Es ist unmöglich. Die Struktur des Menschen ist nicht so beschaffen, dass er für sich selbst irgendetwas Nützliches tun kann.

Wenn ihr etwas selbst tut, wird es euch ruinieren, Sorgen bereiten, in einen tiefen Graben oder einen grenzenlosen Ozean werfen, wo ihr in Ewigkeit gefangen sein werdet und niemals wieder herauskommen könnt. Das Ego, das der Mensch erhalten hat, ist die allerschlimmste Krankheit. Es bringt uns nichts als endlose Sorgen, Probleme und Leiden. So ist das Ego. Andere Krankheiten bereiten unserem Körper zwar Schmerzen, aber nach einiger Zeit sind wir wieder frei davon. Das Ego ist jedoch eine anhaltende Krankheit, die uns alle ununterbrochen und in Ewigkeit im Leid gefangen hält. In den heiligen Schriften sagt Gott: „Ich bin der Handelnde." Es gibt also einen Handelnden. „Und alles wurde von Ihm gemacht; es gibt nichts, das gemacht ist und nicht von Ihm gemacht ist."

Die Beziehungen, die wir in dieser Welt eingehen, halten nur einige Zeit; und selbst wenn sie bisweilen eine Quelle von Friede und Freude sind, bleiben sie doch zeitlich auf einige Jahre, einige Tage oder auch nur einige Augenblicke begrenzt. Nehmen wir zum Beispiel einmal an, dass wir tausend Meilen reisen müssen und jemand kommt mit einem Auto und bietet uns an: „In Ordnung, ich werde dich mitneh-

men; warte nicht auf den Zug." Er nimmt euch zwei Meilen mit und setzt euch an einem Ort ab, wo es gar keinen Zug gibt. Aber er ist dann fort. Ihr bleibt allein zurück und müsst leiden. Könnt ihr diesen Menschen, der euch mitnahm, nützlich oder freundlich nennen? Er hat wie euer schlimmster Feind gehandelt und euch in tiefstes Leid gestürzt. Er nahm euch mit, und ihr wart glücklich und dachtet: „Ein Freund ist gekommen. Jetzt werde ich sehr bequem reisen!" Doch anschließend hat er euch irgendwo am Wegrand stehen gelassen.

Das Leben endet nicht mit dem Ende dieses Körpers: Es ist eine unendliche Ewigkeit, „atma amar hai", die Seele ist ewig, Gott ist ewig. Wie können wir dann nur solche Freunde, die uns verlassen, unsere Freunde nennen?

Der einzige Freund ist der Meister, denn er ist nicht sein Körper. Er behält den Körper nur, um uns zu zeigen: „Ich bin da. Kommt zu mir." Ansonsten ist er Gott, und wenn Gott nicht im physischen Körper erscheinen würde, könnten ihn die Leute, die auf den Körper beschränkt sind, nicht finden. Unser Gemüt und unsere Sinne funktionieren nur von Körper zu Körper. Wenn Gott neben uns stünde, könnten wir ihn nicht wahrnehmen, nicht erfahren und nicht fühlen. Nur wenn er im Körper erscheint, können wir wahrnehmen, dass er da ist. Doch wir betrachten den Meister immer noch als Körper! Wir empfinden nicht, dass er Gott ist. Er aber fängt uns von innen ein, indem er in seiner strahlenden Form erscheint, die mit der Seele verbunden ist, nicht mit dem Körper. Dann ist jene Beziehung hergestellt, die auf der Ebene der Seele und Gottes besteht - beide sind ewig. Die Beziehung wird für immer währen, sie wird in Ewigkeit bestehen.

Dann haben wir einen beständigen Freund gefunden, einen wahren Freund, einen wirklichen Lehrer, einen wahren Vater, eine wahre Mutter, ein wirkliches Zuhause: die fünfte Ebene, die ewige Ebene. Er wird euch dort hinbringen, und ihr werdet in Ewigkeit leben. „Wo ich bin, sollt auch ihr sein." Habt ihr das in der Bibel gelesen? Wer sagt das? Der Eine, der Gott ist, der in euch ist, der durch den Meister gegenwärtig ist und durch ihn wirkt. Das ist die einfache Lehre des Lebens.

Lasst euch also nicht von dem Morast dieser Welt aus Gemüt und Materie verwirren! In dieser Welt ist alles nichts. Euer wahres Selbst ist innen - hier (der Meister zeigt auf seine Stirn). Und deshalb möchte ich euch das einprägen: Bitte festigt eure Beziehung zu jenem Wunderbaren, jenem Ewigen!

In dieser Welt gibt es keine dauerhaften Beziehungen. Ich habe dies selbst erlebt. Nach einer Hochzeit fuhren Braut und Bräutigam in einem Pferdewagen nach Hause zurück. In Indien werden diese Pferdewagen im Allgemeinen noch als Transportmittel benutzt. Der Kutscher hatte im Wagen etwas Gras als Futter für das Pferd dabei, und zufällig befand sich darin eine Schlange.

Diese Dinge geschehen nicht einfach zufällig, sondern sie werden von der negativen Kraft geschaffen. Wenn sich eine Schlange an einem Ort befindet, wird sie zu diesem Zeitpunkt dahin getan. Jene Schlange nun schlüpfte in die Hose der Braut. Diese schrie auf. Man hob sie vom Wagen herunter, die anderen Leute stiegen auch alle aus, und ihre Hose wurde vorsichtig entfernt. Da berührte der Bräutigam nur leicht einen Zipfel der Hose, um sie ein wenig hochzuheben. Da schnellte auch schon die Schlange hervor und biss ihn. Der Biss war so giftig, dass der Bräutigam umfiel und starb.

Die Leute hatten dieses Mädchen zu ihrer Heirat beglückwünscht: „Du hast einen Lebensgefährten gefunden." Heiratet ein Mädchen oder ein Mann einen andersgeschlechtlichen Partner, bezeichnen wir die beiden als Lebensgefährten. Die Ehe wird als eine dauerhafte Beziehung angesehen, nicht als etwas Austauschbares. Aber wie kann man das behaupten? So wie in dieser Geschichte, die ich eben erzählt habe: Sie fuhren zu zweit los, kamen aber nicht gemeinsam nach Hause zurück. Nur einer kam zu Hause an, der andere lebte nicht mehr.

Wen können wir dann unseren Gefährten oder Freund oder Verwandten nennen? Alles geht vorüber, alles geht vorbei, denn alles wird von der negativen Kraft beherrscht. Sie hält alle Menschen als Sklaven und Gefangene. Sie hat die Macht, jeden ihrer Sklaven irgendwo wegzuholen und einen anderen Sklaven irgendwo hinzubringen. Wie können dann zwei Sklaven behaupten, dass sie Freunde bleiben? Es liegt nicht in ihrer Hand, Freunde zu sein; der Besitzer kann jeden Augenblick einen von ihnen wegholen und sie voneinander trennen.

Was geschieht dann? Die Leute sind traurig und vergießen Tränen. Warum? Weil nichts in ihrer Hand liegt, so wie es zum Beispiel der Fall ist, wenn ein Kind stirbt. Vielleicht hat das jemand von euch schon einmal erlebt. Beide Eltern und alle Verwandten und

Freunde mögen bei dem Kind sein, aber sie können dem Sterben keinen Einhalt gebieten.

Niemand hat irgendeine Verfügungsgewalt über irgendetwas auf dieser Welt. Das solltet ihr wissen. Was endgültig ist, was wahr ist, das solltet ihr wissen und dann entsprechend handeln. Anschließend wird die Seele des Kindes von dem Todesengel mitgenommen; der tote Körper liegt da und alle weinen und wehklagen. Aber warum weinen sie? Warum weinen sie? Warum wissen sie nicht, dass dies nicht ihr Kind ist und sie nicht mit ihm verwandt sind?

Wir werden beherrscht. Wir sind wie Steine, jemand kommt und legt diesen Stein hierhin, einen anderen Stein dorthin und den dritten Stein wieder woanders hin. Manchmal sammelt er auch alle Steine ein. Wir haben keinen freien Willen. Wir behaupten, wir hätten einen freien Willen und sagen: „Ich will das tun." Wenn Kinder größer werden, sagen sie: „Wir kümmern uns nicht um unsere Eltern. Wir haben unseren eigenen freien Willen und wir tun, was wir wollen." Es ist nicht ihr freier Wille, sie unterstehen dem Machtwillen der negativen Kraft.

Jetzt aber sollten wir uns dem Willen Gottes übergeben. Sind wir mit Gott verbunden, arbeitet nicht unser Eigenwille, sondern es besteht ein großer Unterschied! Wenn jemand als Sklave unter der Herrschaft seines Besitzers steht, wird auf seinen Willen keine Rücksicht genommen. Der Besitzer tut nur, was er will, und der Sklave ist gezwungen, sich jeder Bedingung zu fügen. Wird dieser Mensch aber von dem großen Vater angenommen, arbeitet der Wille des Vaters zugunsten seines Kindes. Der Vater wird auf jede Bitte und jedes Klagen des Kindes reagieren.

Was kümmert es den Besitzer, wenn ein Sklave weint? Mag er weinen! Der Sklavenhalter achtet nur auf seine eigenen Interessen und er wird ganz schrecklich und ohne das geringste Erbarmen mit den Sklaven verfahren und ihn Tag und Nacht ausbeuten. Ist der Sklave aber wieder bei seinem Vater, dem König, sind seine Sorgen vorüber. Es ist selbstverständlich der Wille des Vaters, der getan wird, nicht der Wille des Kindes. Aber auch der Wille des Kindes wird berücksichtigt. Ertönt auch nur eine leise Klage des Kindes, wird ihm der Vater sofort sein Ohr leihen und fragen: „Was ist los? Was macht dir Schwierigkeiten?"

Er wird versuchen, das Kind zu trösten, ihm zu helfen, ihm Frieden und Freude und alle anderen guten Dinge zu geben. Darüber sollten wir uns also im Klaren sein: Haben wir unseren Freund gefunden? Habt ihr euren Freund nicht gefunden, was dann? Nur Gott und der Meister sind unsere Freunde. Sie sind eins, nicht zwei. Wenn aber der Meister, wenn Gott nicht da ist, wer ist dann da? Das Gemüt, der Stellvertreter des Teufels, des Bösen, ist nur dazu da, uns zu zerstören und uns in Ewigkeit in die schlimmsten Leiden zu stürzen. Es ist die Aufgabe der negativen Kraft, des Gemüts, uns leiden zu lassen.

Und was ist die Pflicht Gottes und des Meisters? Euch zu helfen, euch zu dienen, und euch jede Art von Freude und Frieden zu geben. „Es werden keine Sorgen, keine Schmerzen, keine Leiden und kein Tod mehr sein." In der Offenbarung steht es so geschrieben. Und weiter: „Alle diese Dinge gehören der Vergangenheit an." Das ist die wahre Lebensart des Menschen.

Aber wir glauben es nicht. Wir glauben den Worten der Meister nicht und tappen nur im Dunkel des Gemüts. Wir sind hinter der Materie, dem Materiellen und den Körpern dieser Welt her. Wir sind hinter der Sonne, dem Mond, den Sternen dieser Welt her, damit sie uns etwas Licht, etwas Luft, etwas Wasser, etwas Nahrung geben mögen. Aber nichts von all dem ist für uns.

Der Mensch lebt nicht vom Brot und Wasser dieser Welt, sondern „von jedem Wort, das aus dem Munde Gottes kommt." Was ist dieses Wort? Ist es das, was ihr in eurer Hörmeditation hört? Es wird von selbst alle vierundzwanzig Stunden da sein. Jetzt habt ihr noch darum zu kämpfen, weil eure Seele das Reich Gottes, in dem dieses Wort ertönt, noch nicht betreten hat. Es ist, als ob ihr versucht, die Musik zu hören, die im Inneren eines Tempels ertönt. Ihr steht außerhalb des Tempels und müßt einen Lautsprecher oder ein anderes Hilfsmittel benützen, um diese Musik zu empfangen. Wenn ihr aber den Tempel betretet, werdet ihr ihn ganz von Musik erfüllt finden, die für alle Zeit weiter klingen wird.

Wenn ihr euren eigenen Tempel betretet – „Wisset ihr nicht, dass ihr der Tempel des lebendigen Gottes seid?" – werdet ihr diese wundervolle Sphärenmusik hören. Auch alles andere werdet ihr vorfinden: Energien, Fähigkeiten, Schönheit, Herrlichkeit, Leben. Dort werdet ihr euch erfreuen.

Sant Thakar Singh
(1929 - 2005)

Erlösung

Die Luft ist der Meister, das Wasser der Vater
und die Erde die Mutter;

Tag und Nacht sind die beiden Ammen,
in deren Schoß sich die ganze Welt abspielt.

Unsere Handlungen, ob gut oder schlecht,
werden vor Seinen Richterstuhl gebracht,

und unsere eigenen Taten werden uns aufwärts
steigen lassen oder in die Tiefe stoßen.

Jene, die sich mit dem Wort verbunden haben,
deren Mühen werden enden.

Und ihr Antlitz wird voll Glanz erstrahlen.

Nicht nur sie werden erlöst sein, o Nanak,
sondern viele andere werden mit ihnen
die Freiheit finden.

Guru Nanak
(1469 - 1539)

Liebe ist Leben

Wo immer Liebe ist, da ist auch Leben. Wo keine Liebe ist, da ist das Leben wertlos. In der Tat ist der Mensch kein wirklicher Mensch, wenn er nicht in sich den göttlichen Funken der Liebe trägt. Gott, in der Form der Liebe, ist in jedermann.

Jene, deren Augen geöffnet sind, sehen alle Menschen als Manifestationen Gottes, so wie die Strahlen der Sonne oder die Wellen des Meeres. Sie wissen, daß der gleiche Funken der Liebe sie alle geschaffen hat.

Deshalb, wer kann niedrig oder wer hoch sein? Die Menschen in verschiedenen Lebenspositionen und in verschiedenen Ländern sind in Seinen Augen alle gleich: Unterschiede der Herkunft, des Glaubens oder der Nation können niemals irgendeine Bedeutung haben für jene, welche um den Wert der Liebe wissen.

Es gibt einen Gott im Himmel und eine Familie auf Erden.

Liebe ist von allen Schätzen das Größte. Ohne sie ist alles nichts und mit ihr alles. Liebe vergeht niemals, selbst wenn die Gebeine eines Liebenden zermahlen würden zu feinstem Staub. So wie Sandelholz seinen Duft nicht verliert, selbst wenn es vollständig vermahlen wird, ebenso ist die Grundlage der Liebe die Seele und sie ist unzerstörbar und deshalb ewig.

Schönheit kann zerstört werden, aber Liebe nicht.

Baba Sawan Singh
(1858 - 1948)

PRAYER

*To the Supreme
Father – mother – God*

*I'm a bird –
made from your
water and earth,
created to fall,
coming to death.*

*I'm a bird –
made from your
fire and air,
created to fly,
coming to breath.*

*I'm your part
Of spirit and soul.
O let me approach
Thy holy feet –
my eternal goal!*

Sacimata

(von M. Noichl vertont
für Harfe und Gesang)

Wie mit den Lebenszeiten

Wie mit den LEBENSZEITEN
so ist es auch mit den Tagen;
Keiner ist uns genug,
Keiner ist ganz schön,
und jeder hat,
wo nicht seine Plage,
doch seine Unvollkommenheit.

Aber rechne sie zusammen,
so kommt eine Summe
FREUDE und LEBEN heraus.

Friedrich Hölderlin
(1770 - 1843)

Zum Frieden der Welt beitragen

„Lasst uns sehen, wo wir stehen." Die Wolken der Vernichtung hängen dauernd über uns mit ihren vollen Arsenalen, um jederzeit auf die Menschen losgelassen zu werden.

Die große Zerstörungswut der Atombombe, wie sie in Hiroshima und Nagasaki erlebt wurde, wird inzwischen von weit schlimmeren Vernichtungswaffen übertroffen.

Ernst und gut gemeinte Bemühungen maßgeblicher Persönlichkeiten der Welt, sich den mächtigen Flutwogen der Vernichtung entgegen zu stellen, sind erkennbar. Wir sind ihnen wohlgesonnen und wünschen ihnen Erfolg.

Lasst auch uns einen Beitrag zu diesem großen Werk leisten, und eine bedeutende Rolle dabei spielen, uns selbst, unserem Nächsten und der Welt FRIEDEN zu bringen.

Ihr seid auf den Weg zu Gott gestellt, lasst euch nicht von diesem Pfad („Sant Mat") abbringen; übersteigt das Körperbewusstsein, um in die höheren Regionen zu fliegen, um euch selbst zu erkennen und zu sehen, dass ihr ein Tropfen vom großen Meer des Bewusstseins seid. Strahlt Liebe der gesamten Schöpfung aus. Lasst Liebe durch jede Pore eures Körpers strömen:

„LIEBE und FRIEDEN auf der ganzen Welt."

*Lasst die Bombe des Friedens und des guten Willens,
die Bomben der Vernichtung BESIEGEN."*

Sant Kirpal Singh
(1894 - 1974)

Laß mein Land erwachen

Wo der Geist ohne Furcht ist,
und die Menschen das Haupt aufrecht tragen,
wo das Wissen frei ist,
wo nicht enge Mauern die Welt in Teile brechen,
wo Worte aus der Tiefe der Wahrheit kommen,
wo rastloses Streben sich streckt nach Vollendung,
wo der klare Strom der Vernunft noch nicht
im öden Wüstensand toter Gewohnheit versickert,
wo der Geist vorwärts geführt wird durch Dich
in immer weitere Horizonte von Gedanken und Tat
– zu diesem Himmel der Freiheit, mein VATER,
laß mein Land erwachen.

Rabindranath Tagore
(1861 - 1941)

Mein Lied

hat seinen Zierat abgelegt.
Es ist nicht stolz auf Kleid und Putz.
Schmuckstücke würden unsere Einheit stören
und zwischen Dich und mich sich drängen.

Es könnte leicht in ihrem Klirren
Dein Flüstern untergehen.
In Scham stirbt meine Dichter-Eitelkeit
Vor Deinem Blick dahin.

Ich saß zu Deinen Füßen, großer Meister.
Gewähre mir das Eine:
Einfach und gerade leben,
wie die Schilfrohrflöte wartet,

sich für Dich mit Tönen zu füllen.

Rabindranath Tagore
(1861 - 1941)

Mystische Spiritualität

„Nirvana" ist im Zen-Buddhismus nichts Zukünftiges. Es ist das nackte Jetzt.

Wer wirklich durchbricht, bricht ein in die Zeitlosigkeit, das heißt in den Augenblick.

Mystik kennt eigentlich kein „Jenseits". Jenseits, Himmel, Wiedergeburt sind zwar bestens dazu geeignet, eine Ethik zu begründen, ganz nach dem Schema: wenn du dies oder jenes tust, bekommst du eine schlechte Wiedergeburt.

Genau das aber steht einer echten spirituellen Befreiung im Wege. Nun tritt die Moral auf den Plan und der transpersonale Bereich wird verschlossen. Durch die Moralisierung der Religion, in der Hoffnung auf eine Wiedergeburt, nimmt die Fixierung auf die Personalisierung sogar noch zu, weil der Reinkarnationsglaube eine Perpetuierung des Ichs propagiert. Aber solange das Ich fortdauert, wird es seinen Sinn nicht finden.

Den Sinn finden wir, wenn wir das „Ich" loslassen. Denn unsere wahre Identität liegt im Göttlichen Sein, das unser tiefstes Wesen ist.

So ist die Mystik nichts anderes, als eine Suche nach unserer wahren Identität.

Willigis Jäger
(geb. 1925)

Der Weise benützt sein Herz

Der Weise benützt sein Herz
wie einen Spiegel.

Er sucht die Dinge nicht und
geht ihnen auch nicht entgegen.

Was auf ihn zukommt,
nimmt er in seinen Spiegel auf,
tut aber nichts dazu,
es dort zu halten.

Das aber ist es eben,
das ihn fähig macht,
über alles zu siegen
und selbst nicht verletzt
zu werden.

Dschuang Dsi
(370 - 302 v. Chr.)

Gebet für den Weltfrieden

Gottes unendliche Liebe
strömt in mich hinein
und in meinem Innersten
erglüht das geistige Licht der Liebe.

Dieses Licht gewinnt an Intensität,
überflutet die ganze Erde
und füllt die Herzen aller Menschen
mit dem Geist der Liebe, des Friedens,
der Ordnung und der Wahrheit des
Eins-Seins in Gott.

Masaharu Taniguchi
(1883 - 1993)

Die Erde soll früher einmal
ein Paradies gewesen sein.
Möglich ist alles.

Die Erde könnte wieder
ein Paradies werden.
Alles ist möglich.

Erich Kästner
(1899 - 1974)

Quellenhinweis

Texte

Ich danke den angeführten Verlagen für die Abdruckerlaubnis:

Omraam Mikhaël Aïvanhov (1900 - 1986) Franz. Philosoph und Pädagoge, „Die Kraft der Gedanken" aus dem gleichnamigen Taschenbuch, Reihe Izvor im Prosveta Verlag, dt. Ausgabe 1997

Dionysios Areopagita Text zum Labyrinth in Chartres (Kaufmann Verlag)

Dom Helder Camara (1909 - 1999) „Das große Schweigen" aus Rundfunkansprachen „Selig, die träumen", Pendo Verlag Zürich

Dalai Lama (14.) „Weisheiten aus Tibet", Postkartenkalender mit Sinnsprüchen, Ariane Verlag Berlin, 2008

Max Dauthendey (1867 - 1918) „Die Amseln haben die Sonne getrunken", Gedicht aus „Der Garten der Poesie", Deutscher Taschenbuch Verlag München, 2006

Dschuang Dsi chin. Meister der Wahrheit, um 350 v. Chr. registriert. Sein Buch vom „Südlichen Blütenland" wurde von Richard Wilhelm 1912 übersetzt. Erstdruck in Deutsch bei Eugen Diederichs Verlag Düsseldorf-Köln, 1972

Mahatma Gandhi (1869 - 1948) „Das Geheimnis des Schweigens" und „Der mittlere Weg" aus seinen Tagebüchern „Tiefe des Herzens – über Gottesliebe und Gebet", Benziger Verlag Zürich und Düsseldorf, 1999

Josef Guggenmos (1922 - 2003) Dichter und Autor von Kinderbüchern, „Vier Haiku" (5 - 7 - 5 Versform nach japan. Vorbild), aus „Rundes Schweigen" (ausgewählte Haiku von 1982 - 2002), Hamburger Haiku-Verlag, 2003

Friedrich Hölderlin (1770 - 1843) „Lebenslauf" aus Gesammelte Werke, Dt. Buchgemeinschaft Berlin, 1960

Willigis Jäger (geb. 1925) Spiritueller Lehrer und Zen-Meister (Deutschland / Japan). „Mystische Spiritualität" aus „Die Welle ist das Meer", Herder Verlag Freiburg, 2007

Carl Gustav Jung (1875 - 1961) „Vergottung der Seele" aus „Die schönsten Gebete der Welt" (vergriffen)

Immanuel Kant (1724 - 1804) „Der gestirnte Himmel" aus „Die schönsten Gebete der Welt" (vergriffen)

Keizan, Zen Meister „Die weißen Wolken steigen herab", Gedicht auf einen heiligen Berg

Hazrat Inayat Khan (1882 - 1927) Sufi-Meister, Zwei Texte aus „Vom Glück der Harmonie", Verlag Heilbronn, 5. Auflage 1995

Johannes Kirschweng (1900 - 1951) „Der Knabe und die Unken", Märchen aus dem Band „Der goldene Nebel", Ostdeutscher Verlag unbekannt

Laotse (700 v. Chr.) „Die Form", Spruch aus dem Tao Te King (Das Buch der Alten – vom Sinn und Leben), 1921 verdeutscht von Richard Wilhelm, Marix Verlags GmbH Wiesbaden, 2004

Dietmar H. Melzer „Die Seele der Quena" aus „Andenmärchen, Indianische Mythen und Legenden", Verlag Idime, Inge Melzer, Friedrichshafen, 2000

Christian Morgenstern (1871 - 1914) „Der freie Geist" aus „Die stillen Dinge – ein Brevier der Weisheit". Verlag O. W. Barth bei Scherz

Sacimata (Liselott) Musil „Der große Yogi und die kleine Maus – eine heiter-besinnliche Geschichte – nach einer wahren Begebenheit", Erstveröffentlichung in einem Sammelband der Autorin im (ehem.) Verlag Habbel-Pustet Regensburg, 1980

N. N. „Ein vollkommener Yogi ist …" aus „Bhagavad-Gita. Wie sie ist", A. C. Bhaktivedanta Swami Prabhupada (1896 - 1977), The Bhaktivedanta Book Trust International, Inc., Indien, 2003

N. N. „Der siebte Himmel oder noch höher", aus einer Hörfunksendung des BR II, Redaktion Hartmut Weber, Februar 2007

Guru Nanak (1469 - 1539) „Erlösung" aus „Das Jap Ji. Die Botschaft Guru Nanaks vom Weg zum höchsten Sein", Günther Verlag Stuttgart, 1972

Noto Soeroto Raden Mas (1888 - 1951) aus Java, dort lange „Dalang" (myst. Spieler) „Göttliches Schattenspiel" aus den javanischen Wajang-Liedern

Rainer Maria Rilke „Klang sein" aus Gesammelte Gedichte, Insel Verlag, 1962

Joachim Ringelnatz (1883 - 1914) „Trost" aus dem Gedichtband „Und auf einmal steht es neben dir", Karl Heussel Verlag Berlin, 1966

Sogyal Rinpoche, Buddhistischer Lehrer, „Die Übung der Achtsamkeit" aus dem 5. Kapitel von „Das tibetische Buch vom Leben und vom Sterben", Copyright 1994 Rigpa Fellowship San Francisco, Deutsche Rechte beim Otto Wilhelm Barth Verlag

Meister des Sant Mat (Licht- und Ton-Meditation)

- **Baba Sawan Singh** (1858 - 1948) „Liebe ist Leben", übersetzt aus „Glimpses of the Great Master", Radha Soami Satsang Beas, Indien, 1986
- **Sant Kirpal Singh** (1894 - 1974) „Zum Frieden der Welt beitragen", „Das innere Auge". Vorträge aus „Kraft der Stille", Verlag Edition Naam Augsburg, 2003
- **Sant Thakar Singh** (1929 - 2005) „Satsang in den Bergen", Verlag Edition Naam, Augsburg
- **Sant Baljit Singh** (geb. 1962)Auszug aus Magazin „True Light" 3 / 2007

Ulrich Schaffer (geb. 1942) „Gott wohnt in meiner Sehnsucht" aus „Bewußt und lebendig", Herder Verlag Freiburg, 2004

Rudolf Steiner (1801 - 1925) „Wandle dich", Spruch aus seinen gesammelten Werken

Rabindranath Tagore (1861 - 1941) „Laß mein Land erwachen" und „Mein Lied" aus dem „Gitanjali", dt. Ausgabe Hyperion Verlag Freiburg, 1958

Masaharu Taniguchi (1893 - 1993), japan. Weisheitslehrer, Gründer von SNI Tokio, „Rosen und Dornen im Rosengarten" und „Gebet für den Weltfrieden", aus „Quelle des Lebens, Quelle der Freude", Seicho-No-le-Freundeskreis Deutschland, 1984

Martin Walser (geb. 1927, Überlingen) „Am Bodensee – Heimatlob" aus dem gleichnamigen Taschenbuch – illustriert – im Insel Verlag 2007

Fotos / Abbildungen

Farbfotos

Fotos (s/w)

Abbildungen

des Gottessohnes erhebt sich der Wundervogel Phönix, der sich selbst verbrennt und aus der Asche neu ersteht. Ein Symbol für Tod und Auferstehung. Holzschnitt, 15. Jhdt.

Seite 37: Kretisches Labyrinth in Baumform

Seite 44: Japan. Tuschezeichnung (histor.) aus „Japanische Jahreszeiten – Tanka und Haiku aus dreizehn Jahrhunderten", Manesse Verlag Zürich

Seite 46: Garuda und Maus

Seite 51: Der Yogi und die Maus
Die beiden vorgenannten Zeichnungen von Ingeborg Haun, aus „Am 70. Mai fliegt etwas vorbei – drei Geschichten vom Fliegen" Verlag Habbel-Pustet Regensburg, 1980

Seite 68: Javanische Schattenspielfigur (Wajang), stellt den Göttervogel Garuda dar, einen mystischen Riesenvogel, auf dem der Hindu-Gott Krishna gerne reitet. Garuda ist auch Helfer für Vögel und Tiere, die in Not sind

Seite 71: Kirchen-Labyrinth. Basilika in Orléansville, Algerien

Seite 73: Sonnenrad mit Kreuz in einfacher Form

Seite 76: Javanisches Schattenspiel – „Pausezeichen"

Seite 78: Lord Krishna als Wagenlenker und sein Freund Arjuna. Illustration aus „Die Bhagavad-Gita. Wie sie ist", A. C. Bhaktivedanta Swami Prabhupada (1896 - 1977), The Bhaktivedanta Book Trust International, Inc., Indien, 2003

Seite 105: Abschlußvignette – Zeichnung „Baum des Lebens" aus den Essener-Meditationen, Verlag Bruno Martin 1984 (Dr. Ed. Bordeaux „Die Lehren der Essener"), 2121 Südergellersen

Den Verlagen Knaur / Droemer, Diederichs und Kaufmann besten Dank für die einmalige Abdruckgenehmigung aus deren Archiven.

Index

Dank

Den treuen Seelen, die mir bei der Realisierung des spirituellen Lesebuches mit Rat und Tat und viel Idealismus zur Seite standen.

LISELOTT SACIMATA MUSIL